互联网营销实战攻略

在线直播实战攻略

屏幕呈现+内容设计+互动创新+流程规划

崔佳 著

清华大学出版社
北京

内 容 简 介

如何让直播内容直击听众需求，有效拉动听众注意力？如何在直播中充分调动听众参与，让直播氛围更热烈，彼此交互更深入？如何让屏幕呈现得更加得体、专业？如何运用各种线上工具给听众带来多样化的感官刺激？如何让整个直播更富于节奏感，让听众体验更好、收获更大？

作为一套易学易用的直播实操工具手册，本书围绕直播中的四大问题：屏幕呈现、内容设计、互动创新、流程规划，提供了三十余种实操方法，并匹配了大量案例、工具清单、实操截图等，让直播操作更简单、效果更落地。

本书封面贴有清华大学出版社防伪标签，无标签者不得销售。
版权所有，侵权必究。举报：010-62782989，beiqinquan@tup.tsinghua.edu.cn。

图书在版编目（CIP）数据

在线直播实战攻略：屏幕呈现+内容设计+互动创新+流程规划 / 崔佳著. —北京：清华大学出版社，2021.8（2022.8重印）
（互联网营销实战攻略）
ISBN 978-7-302-58803-0

Ⅰ．①在… Ⅱ．①崔… Ⅲ．①网络营销 Ⅳ．①F713.365.2

中国版本图书馆CIP数据核字（2021）第152998号

责任编辑：杜春杰
封面设计：刘　超
版式设计：飞鸟互娱
责任校对：马军令
责任印制：杨　艳

出版发行：清华大学出版社
　　　　　网　　址：http://www.tup.com.cn，http://www.wqbook.com
　　　　　地　　址：北京清华大学学研大厦A座　邮　编：100084
　　　　　社 总 机：010-83470000　邮　购：010-62786544
　　　　　投稿与读者服务：010-62776989，c-service@tup.tsinghua.edu.cn
　　　　　质量反馈：010-62772015，zhiliang@tup.tsinghua.edu.cn

印 装 者：涿州市京南印刷厂
经　　销：全国新华书店
开　　本：148mm×210mm　　印　张：9　　字　数：198千字
版　　次：2021年8月第1版　　印　次：2022年8月第2次印刷
定　　价：68.00元

产品编号：089773-01

PREFACE 前言

2020年年初，一场新冠肺炎疫情悄然来袭。当培训、会议、客户拜访不得不迁移到线上时，几乎所有人都心存慌乱与不适。从企业培训方面来讲，虽然屏幕对面的人没变，要讲的内容没变，但当人与人的沟通有了屏幕的阻隔，一切都开始变得不一样起来，听众开始一心多用，边听直播边做其他事情；有些听众从一开始就缺乏耐心，对内容稍有不满就可能立刻下线；很多讲师对此感到茫然，线下的诸多做法移到线上后开始出现"水土不服"，大家甚至对直播效果产生了质疑。

但与此同时，直播培训也展示出了传统线下培训所不具备的优势：它成本更低、覆盖人群更广、上线速度更快、可反复回看等，所有这些特点让人们对直播的态度从观望转为确信——确信我们已不可能再回到传统的纯线下培训模式，确信行业平台型商业模式（Online-Merge-Offline，OMO）将会成为培训行业未来发展的趋势。

于是，如何做好直播，如何提升直播效果，成了每位讲师、每位线上知识传播者所不得不面对的课题。我们需要了解听众线上学习的特点，需要掌握一套行之有效的直播培训技巧，需要快速提升自己的直播效果。

为解决这些问题，我开始筹划撰写此书，并将其定位为一套易学易用的直播实操工具手册。书中围绕直播最容易出现的四类问题：屏幕呈现、内容设计、互动创新、流程规划，提供了三十余种工具和方法，并匹配了大量案例，内容易懂易学，读者可快速上手，快速提升直播效果。

本书具有以下特点。

（1）聚焦痛点。本书挑选直播中最常见、最高频和最核心的问题进行详尽阐述，如如何抓住听众的注意力，如何吸引听众深度参与，如何让屏幕呈现更加专业得体，如何让直播过程更有节奏感等，聚焦讲师们的常见痛点，提供有效的解决方案。

（2）落地实用。本书努力还原直播的关键环节，在每个节点上提供相应的工具和方法。书中共提供了三十余种实操方法与工具，所有这些方法和工具都已经过大量直播实践的应用和验证，并得到了学员的高度认可和广泛应用。围绕这些方法和工具，书中还匹配了相应的检核表、工具单，以便大家在实际操作时能够更简单便捷。

（3）生动易学。如何让有用的内容更加有趣、易学易懂，是我在创作本书时一直思考的问题。因此，在讲解每个工具方法时我尽量抓取大家的常见问题，并给出大量正反案例和直播实践的截图，希望通过场景化、视觉化的方式，帮助大家来理解和操作。

以下四类人群为本书的主要受众群体。

（1）职业培训师、企业内训师。他们拥有丰富的线下培训经验，但如何将线下课程培训迁移至线上，如何基于线上特点设计开发出更有吸引力的直播课程，如何在直播时让学员持续投入、高度参与，并最终确保直播的效果达成……这些都是亟待解决的问题。线上＋线下"两条腿"走路，是职业培训师和企业内训师必须要具备的核心能力。

（2）培训经理、企业大学校长。数字化转型是企业培训面临的核心问题,企业知识系统从线下迁移至线上过程中,如何提升线上课程的质量、提升业务问题的线上解决和转化效果,是每位培训经理和企业大学校长所面临的共性问题。本书提供了一套从业务痛点到直播培训再到评估应用的全面解决方案,以推动企业提升线上知识的落地和转化效果。

(3)在线教育培训机构的讲师、管理者。大量的在线教育培训机构会通过专职讲师或邀请相关领域专家进行线上直播,这些讲师、专家在自己的专业领域中具有丰富的线下教学经验。但如何将这些知识转化为线上生动吸睛的课程,如何提升学员的在线学习兴趣和最终学习效果,这是大家所共同关心的问题。本书提供了大量从知识转化为直播内容的方法、直播互动各类工具,旨在帮助大家快速提升在线课堂的学员体验和学习效果。

(4)通过直播传播知识的各类人群。包括且不限于通过在线方式向客户或经销商介绍产品、方案;通过线上方式向领导汇报工作情况、项目进展;线上进行行业论坛举办、技术分享、内外部经验交流等。如何通过线上方式有效连接听众的痛点、关注点,将抽象的知识讲解得生动、有吸引力,如何在线上及时了解听众的反馈,这些是所有线上知识传播者都需要关注的问题,也是本书想要解决的重点问题。

在本书创作过程中,特别要感谢我的同事侯雅静、李梅、王庆莉、丛虹、高曦、王凤平、沈颖韫。此次疫情期间,我们一起花了几个月时间,分析了数百个直播现场,研究探讨了大量直播中存在的问题和实际落地的解决方案,所共同研发的直播课程"FAST 线上教学训练营"在 2020 年第三届中国人才发展产品创新评选活动中获得了"优秀版权课程奖",这个共创过程为我写作本书提供了大量灵感。感谢培训界朱力老师打造了一个富有研究精神的团队,让我们可以通过群体智慧的涌现将直播培训剖析得更加透彻;感谢我的儿子刘禹完成了本书中大量图片的制作、优化工作;同时也要感谢清华大学出版社的杜春杰、张凤丽两位老师在本书编辑、出版过程中的付出与努力。

需要指出的是,直播技术发展迅速,无论平台功能还是内容类型,随时都在发生变化和进行迭代,因此,本书所列依据均以写作时为准。

由于本人学识所限,书中难免有疏漏之处,恳请广大读者不吝赐教。

CONTENTS 目录

/第 1 章/ 直播时代 /1

1.1 直播的价值 /2
    1.1.1 对企业的价值 /3
    1.1.2 对学员的价值 /4

1.2 直播的挑战 /5
    1.2.1 学员切换成本降低 /7
    1.2.2 身边干扰和诱惑增多 /7

1.3 直播的要求 /8

/第 2 章/ 屏幕呈现 /11

2.1 直播呈现的要求 /12
    2.1.1 从动态到静态 /12
    2.1.2 从多元到单一 /13
    2.1.3 从远景到近景 /13

2.2 让形象更得体 /14
    2.2.1 位置 /14
    2.2.2 服装 /16
    2.2.3 应用案例 /18

2.3 让呈现更动感 /19
    2.3.1 手势 /19
    2.3.2 眼神 /21
    2.3.3 声音 /22
    2.3.4 应用案例 /24

2.4 让视觉更多元 /25

2.4.1 课件 /25
2.4.2 白板 /28
2.4.3 应用案例 /30

2.5 让环境更专业 /31
2.5.1 背景 /32
2.5.2 光线 /37
2.5.3 设备 /39
2.5.4 应用案例 /40

2.6 让干扰去无踪 /41
2.6.1 图像干扰 /41
2.6.2 声音干扰 /42
2.6.3 设备风险 /44
2.6.4 其他风险 /45
2.6.5 应用案例 /46

2.7 本章小结 /47

第 3 章 内容设计 /51

3.1 直播内容的要求 /52
3.1.1 直播内容的七宗罪 /52
3.1.2 内容设计的五大原则 /54
3.1.3 内容规划的三大步骤及八项任务 /55

3.2 内容聚焦 /57
3.2.1 共识目标 /59
3.2.2 梳理场景 /62
3.2.3 锚定重点 /68
3.2.4 明确痛点 /72
3.2.5 小结 /73

3.3 内容规划 /76
3.3.1 整体规划 /77

3.3.2　模块细化　　/85
　　　3.3.3　小结　　/88
3.4　内容落地　　/88
　　　3.4.1　模块设计　　/89
　　　3.4.2　模型设计　　/115
　　　3.4.3　小结　　/134
3.5　本章小结　　/134

/ 第 4 章 / 互动创新　　/137

4.1　直播互动的要求　　/138
　　　4.1.1　直播互动的七宗罪　　/139
　　　4.1.2　互动设计的三从原则　　/141
　　　4.1.3　互动功能的三个阶梯　　/147
　　　4.1.4　互动设计的八式五感　　/150
4.2　八种方式玩转平台　　/152
　　　4.2.1　问答　　/153
　　　4.2.2　选择　　/160
　　　4.2.3　填空　　/163
　　　4.2.4　判断与挑错　　/166
　　　4.2.5　连线　　/170
　　　4.2.6　排序　　/172
　　　4.2.7　开麦接龙　　/174
　　　4.2.8　分组讨论　　/177
　　　4.2.9　小结　　/183
4.3　五感驱动激活学员　　/185
　　　4.3.1　用新奇感激活学员参与　　/186
　　　4.3.2　用运动感保持兴奋状态　　/192
　　　4.3.3　用归属感推动学员交互　　/198
　　　4.3.4　用成就感带来内心愉悦　　/202

        4.3.5　用节奏感把控课堂氛围　　/207
        4.3.6　小结　　/210
4.4　直播互动的辅助　　/211
4.5　本章小结　　/213

/第 5 章/ 流程规划　　/217

5.1　预热活动　　/219
　　5.1.1　目的　　/220
　　5.1.2　做法　　/221
　　5.1.3　应用案例　　/232
5.2　开场活动　　/233
　　5.2.1　目的　　/234
　　5.2.2　做法　　/235
　　5.2.3　应用案例　　/251
5.3　课间活动　　/253
　　5.3.1　目的　　/254
　　5.3.2　做法　　/254
　　5.3.3　应用案例　　/259
5.4　总结活动　　/260
　　5.4.1　目的　　/260
　　5.4.2　做法　　/261
　　5.4.3　应用案例　　/267
5.5　结尾活动　　/269
　　5.5.1　目的　　/269
　　5.5.2　做法　　/270
　　5.5.3　应用案例　　/272
5.6　本章小结　　/273

第 1 章

直播时代

Chapter One

1.1 直播的价值

2020 年，一场新冠肺炎疫情改变了整个世界，它不仅改变了我们的生活方式，也改变了我们的工作方式和学习方式。疫情期间，孩子们的"停课不停学"、大人们的"停工不停学"一度成为社会聚焦的热点，在线直播教学也因此呈现井喷式和爆发式增长。来看以下几组疫情期间企业的直播培训数据。

▶ 某电信公司企业大学将 2018—2020 年这三年间同一月份的培训数据进行了对比：2018 年 3 月份开展 20 期培训，参训人天数为 4822 人天；2019 年同期开展培训 26 期，参训人天数为 10 313 人天；2020 年同期开展培训 32 期，参训人天数为 118 750 人天。从培训期数来看，2020 年只比 2019 年增长了 23.1%，但参加培训的人天数却增长了 1051.5%，覆盖率达到了 2019 年的十倍之多！

▶ 某知名车企售后培训部门，在 2020 年 3 月期间为经销商提供了 69 次课程培训，覆盖全国 571 家经销商店，累计 15 457 人上线参与。与 2019 年同期相比，培训场次增长了 38%，经销商的覆盖率提升了 280%，参训人数增长了 930.5%。

▶ 某快消品行业的销售培训团队，2020 年 2—3 月，为门店提供 392 场培训，累计 78 369 人上线学习。与 2019 年同期相比，培训场次增长了 46.2%，参训人数增长率高达 874.7%。

1.1.1 对企业的价值

直播让培训的覆盖范围、参训人数实现了跨越式增长,线下通常是几十人在一起培训,大型培训人数也不过数百、近千人,而直播可以轻松实现几千人甚至上万人同时在线听课,达到了事半功倍的效果。除此之外,直播的以下优势也让很多人眼前一亮。

▶ **传播迅速**:当企业有新的培训内容需要分享时,可以通过直播在第一时间上线,实现培训内容更迅速、更便捷、更广泛的覆盖与宣贯。

▶ **成本很低**:与线下培训要把大家从五湖四海聚集起来的模式相比,直播不但节省了大量机票、酒店、教室等经济成本,而且还大大节省了相关人员的时间成本。

▶ **知识留存**:播放结束之后也仍然可以让更多人无限次地回看并从中受益,让企业的知识积累越来越丰厚……

直播的这些特点让大家看到了它的巨大价值,也因此改变了企业培训的模式,线上线下混合式培训成为了未来培训行业的发展趋势。一位世界五百强企业的培训总监曾对笔者说:"疫情之前,我个人并不看好直播这种培训形式,一直觉得线上和线下的效果占比是1∶9,最多3∶7的关系。但现在我相信,如果我们做得好,其实线上培训可以跟线下平分秋色,甚至有所超越。直播培训这条路被打开之后,就不会再消失了,它的性价比实在太高了。"

1.1.2　对学员的价值

直播不但给企业提供了"多快好省"的培训发展模式，同时也有效地满足了学员的求知欲望。现在越来越多的知名大咖纷纷走入线上进行直播与分享，听众可根据个人兴趣，在线上听黄奇帆讲经济，听王蒙讲"孔孟老庄"，听陆奇讲数字化技术。直播让我们拥有了更多的知识来源，让学习资源更加充足，学习机会更加公平。除各大平台邀请顶级大咖进行分享，企业也有更多机会邀请多位专家同时在线分享。2020 年教师节，某所知名金融机构的企业大学发起了"直播学习月"活动，在 9 月份一个月的时间里给企业内训师提供了十余场与课程开发、直播技巧、培训技巧、个人能力提升相关的直播培训，邀请到的全是各个主题领域的知名专家。

看到这个活动时，一位在企业里做了近二十年培训经理的朋友非常感慨地说道："我专职做培训这么多年都没有这样的学习机会，以前只是在线下零星听过其中部分专家的课程。而这次，这些兼职讲师能一次听到行业里这么多顶级专家的课程，他们一个月内就可以实现我之前若干年的知识积累，大家只要有心去学，看完这个系列后基本都可以入门了！"直播让含金量高的知识在以不可思议的速度快速、广泛地传播着，让更多人从中受益。

也正因如此，直播成为了一个潜力巨大的市场，国外诸多头部企业都看到了在线学习、远程分享这个市场的价值，纷纷投入资源进行布局，如微软的 Teams、思科的 Webex、阿里的钉钉、腾讯的腾讯会议等都在不断进行产品迭代和市场拓展，而且不只是工业界，像清华大学这种顶级大学也开发出了"雨课堂"等线上教学平台产品。更多的资本、更专业的技术让在线学习的平台功能更为强大，更符合学习背后的规律，同时也让用户的体验感越来越好，在线学习因此逐渐成为了大家的一种学习习惯。

由于"90后""00后"是伴随着在线学习长大的一代人，有相当多的大学生在校期间除学习校内课程，还会通过免费或付费方式从得到、千聊、网易等线上平台主动学习大量的通用技能、专业技能等线上课程，大家已非常适应在线学习的特点和模式。2020年8月，抖音公布他们的日活用户超过6亿人，也就是每两个中国人中就有一个人每天都在刷短视频、在看直播。观线直播已经无声无息地浸润到每个人的生活中，渐渐成为了人们的一种日常性、普遍性的知识获取方式。

直播的诸多优势满足了企业的需求，符合听众的使用习惯，同时直播还得到了诸多头部企业和知名大咖的加持。越来越多的企业大学已纷纷开始数字化转型，线上与线下相融合的OMO模式（Online-Merge-Offline），已成为未来培训行业的发展趋势。

1.2 直播的挑战

如任何一种新兴事物一样，直播培训在发展过程中也面临着诸多的压力和挑战。很多人在看到直播优势的同时，也在质疑直播效果，无论是学员的全程在线率、互动参与度，还是最终的学习收获，都与线下存在较大差距。笔者曾在课上请学员进行匿名投票，大部分学员都表示自己上直播课时存在打电话、吃东西、看网页、工作等情况，一心多用是大多数人听直播时的常态，如图1-1所示。

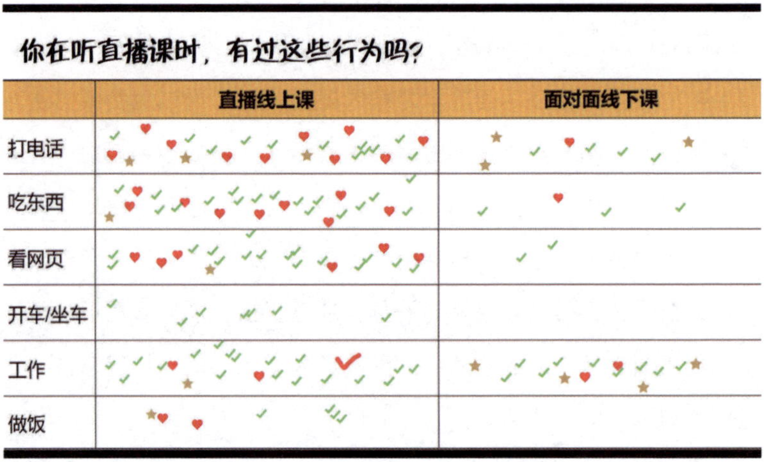

图1-1 学员上直播课时存在的行为

为什么会出现这样的情况？为什么线下的学员会更加专心，更有耐心，而一上线就完全不一样了呢？这是由于人与人交流的中间增加了屏幕这道屏障之后，学员处于一个不被看到的独立空间，他们的切换成本变低了，外部干扰和诱惑却变多了，其学习状态便会像跷跷板一样容易失衡，如图1-2所示。

人与人之间增加的这个屏幕让我们在直播时面临着以下两大挑战。

图 1-2 学员上直播课时的学习状态

1.2.1 学员切换成本降低

上线下课时,由于师生是面对面交流,学员还是会有所顾及的,即使对授课内容不感兴趣,他们也会留在教室里听一下,实在觉得无聊才会打开电脑处理工作,或是找个理由离开教室。而上直播课时,学员的切换成本变得极低,他们只要一按鼠标就可以瞬间切换。于是他们的耐性开始变差,行动更加直接,稍不满意就立刻切换到其他事情上。

1.2.2 身边干扰和诱惑增多

更为糟糕的是,每个人在自己的独立空间里会受到更多的干扰:老板、同事随时会过来说两句,电话、邮件随时会跳出来,临时需要处理的事情随时会冒出来……除了这些被动的干扰因素,还有更多外部的诱惑:微信、淘宝、抖音……一切好玩的事情都在与讲师的直播抢流量,直播培训机构的竞争对手不是其他培训机构,而是学员身边各种突出其来的干扰,以及微信、游戏等层出不穷的各种诱惑。

　　线下学习和线上学习的差别，就像我们去电影院看电影和在家看电视一样。进入电影院之后，再难看的片子大多数人也会坚持看完，最差的情况也不过是耐着性子看了一半愤而离身，可至少也先是观察，忍耐了几十分钟再做出的选择。而看电视时我们是根本没有这个耐心的，调到一个台，看个一两分钟甚至几秒钟，没有兴趣就会马上换台，手里的遥控器不停地按来按去，而且即使锁定这个节目之后，我们的专注度也很差，经常一边吃着东西、做着其他事情，一边看几眼电视，始终处于多线程并行的状态。

　　线下和线上学习也是如此。线下，大家面对面分享，彼此能看见，有约束力，因而学员在教室里会更有耐心。而直播时，没有人知道学员学与不学、在或不在，他们的手里始终拿着鼠标作为"电视遥控器"，稍有不满就会立刻"换台"，即使在听，也往往一心多用，注意力根本无法长时间集中。

1.3　直播的要求

　　这些变化说明，与线下培训相比，学员在线学习时拥有更多的自主权、话语权和决定权。有句话说得好："教之于学，犹如卖之于买。"别人没有买你的东西，你就不能说自己已经卖了这样东西。同样，直播中学员没有学，那讲师就不能说自己完成了教学任务。直播的效果不是取决于讲师在屏幕前面讲了多少，讲得怎么样，而是取决于学员在屏幕后面学了多少,学得怎么样。只有学习这个动作在线实际发生,直播才有价值。

因此,这就要求直播讲师既要更懂学员,了解学员线上学习的特点,还要更懂平台,玩转各种平台功能,设计更具线上属性的直播课程,从而满足学员在直播学习中的四大需求:专业感、价值感、参与感和节奏感,如图1-3所示。

图 1-3 学员在直播学习中的四大需求

▶ **专业感**:直播的环境设置要专业,讲师出现在屏幕中的形象要专业,视觉呈现的方式要专业,所有这些外在呈现均有助于给学员留下良好的第一印象,使其愿意在直播间里做更多停留。

▶ **价值感**:直播要聚焦学员的实际场景,解决学员的痛点需求,提供有用、有料且生动有趣的内容,让学员体会到内容的价值,从而产生学习的动力。

▶ **参与感**:直播过程中要充分调动学员的参与,让每个学员在互动中贡献自己的经验和想法,让学员彼此之间建立联结,相互借鉴。学员参与得越多，他们的学习收获才会越大。

▶ **节奏感：** 直播既要快速切入不拖沓，又要张弛有度不紧张，从预热到开场以至结尾的每个环节都要环环相扣，衔接顺畅，富有节奏感，学员的注意力才会持续集中。

因此，直播时我们要在屏幕呈现、内容设计、互动创新和流程规划上精心设计，让学员更多地投入，让直播绽放更亮眼的光芒。

本书接下来将会围绕直播呈现、内容、互动与流程四个方面的具体做法与要求进行详细阐述。

第 2 章

屏幕呈现

Chapter Two

2.1 直播呈现的要求

直播时学员对讲师的第一印象源于屏幕呈现。通常，学员走进直播间还没听三五分钟，内心已经开始做出判断：这位讲师是否专业，经验是否丰富，讲话可信度如何，它将影响到学员对讲师的信任程度，甚至会影响到学员是否会继续听下去……

从线下百十平方米的宽敞教室到线上不足半平方米的电脑屏幕，从面对面的直接交流到有了屏幕的阻隔，线下与线上培训在外在呈现方面存在着诸多差异。我们把这些差异概括为：从动态到静态、从多元到单一、从远景到近景，如图2-1所示。

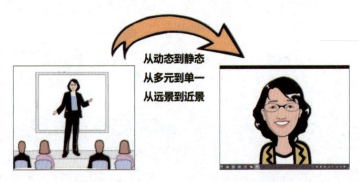

图2-1　线下与线上培训外在呈现的差异

2.1.1　从动态到静态

线下时，讲师可以通过走动拉近与学员的距离，通过大幅度的手势、动作增加气场与感染力。而线上授课受到屏幕大小的约束，讲师的手势幅度会变小很多，也很难做出走动、肢体接触等动作。这就要求讲师要充分运用声音、手势、表情及多种呈现方式吸引学员的注意力。

2.1.2 从多元到单一

线下时，学员的视角是多元的，他的眼睛可以同时抓取多种信息，如看讲师、看屏幕、看窗外、看教材等，不会引发视觉疲劳。而线上时，学员的视线焦点是单一的，其面前只有一个电脑屏幕，而长时间盯着屏幕的话，眼睛很容易疲劳，注意力难以长时间集中。这就要求我们要用好PPT、线上白板等直播工具，让视觉呈现丰富起来，给学员以多样化刺激。

2.1.3 从远景到近景

线下时，学员看到的是教室和讲师的全貌，即使环境、讲师形象上有些细节不到位，如教室角落里的无关物品、讲师的微表情和小动作等，学员也不会过多关注。而线上时，学员看到的只有讲师的上半身和其身后那一小方背景，而且长时间盯着屏幕，学员也会有机会细致地观察讲师的表情、动作、背景、摆设等，很多细节因而会被放大。这就要求讲师要关注环境布置、个人形象等各个细节，避免出现纰漏。

围绕上述线下、线上培训时的差异性，从人、课、场三个维度来看直播呈现的要求：在人的维度上，要让讲师的屏幕形象更得体、呈现更动感；在课的维度上，视觉呈现要更加多元；在场的维度上，要求环境布置更加专业，干扰因素要提前规避。总之，直播呈现的每个细节都要精心设计，如图 2-2 所示。

图 2-2　直播呈现的三大要求

2.2　让形象更得体

很多从线下转线上的讲师都有这样的感觉：线下培训时举手投足都很自如得体，但一线上直播就觉得各种别扭和不上镜。这是因为线下分享往往是远景视角，面部表情细节、瑕疵不会被过多关注。但是屏幕的近景设计会让很多人变成大饼脸、双下巴、五官不对称等，毕竟我们不是明星脸，经不起屏幕的放大和特写。

因此，讲师在屏幕形象方面要实现的目标是：让形象更得体，并有效成为屏幕的中心。我们需要通过调整自己在镜头前的远近距离、位置高低及服装搭配等，让直播时的屏幕形象更加得体。

2.2.1　位置

讲师出现在屏幕前时，要注意调整与屏幕的远近距离及上下位置。

1. 远近距离

手机拍照时，我们都知道要让手机离远一些，脸往后一些，这样会显脸小。直播时同样如此。线上分享时把电脑往前推一下，让身体与电脑保持一臂左右的距离，确保自己出现在屏幕中时是胸部以上的近景，而非整张脸部的特写。如图 2-3 所示，当我们出现在屏幕上时，上方要让头部距离屏幕顶部一拳左右；下方要露出胸部以上，如果穿衬衣的话，要能露出两颗及以上的扣子。

图 2-3　与屏幕的远近距离

2. 上下位置

直播时要注意让眼睛与摄像头处于一个水平线上。我们都知道 45°仰拍是"死亡角度"，拍出来的效果通常是：双下巴、大鼻孔、眼角低垂、嘴角下垂……各种不好看。但这种情况在直播时比比皆是，很多讲师都会出现类似问题。这是因为日常办公时，人的头部位置较高，电脑及摄像头位置较低，刚好"完美"形成 45°仰拍的"死亡角度"。尤其是有些笔记本电脑，摄像头被设计在键盘位置，造成的仰拍效果就更加不尽如人意，如图 2-4 所示。

图 2-4　日常办公时人和笔记本电脑的位置

遇到这种情况时，建议可以这样来操作：

▶ 直播前先把座椅调矮，或用几本书把笔记本电脑垫高，让视线与摄像头处在一个水平线上。

▶ 如果摄像头在笔记本电脑下方，建议配个外置摄像头，夹在笔记本电脑屏幕上方或放置在桌面上。

2.2.2　服装

先来看看图 2-5 和图 2-6 这两件服装，在白色背景墙前，白衬衣和紫色西装哪个更适合直播时穿着？

图 2-5　白衬衣

图 2-6　紫色西装

图 2-5 中的白衬衣会让人觉得讲师与背景基本融为一体，讲师快消融在背景中了。图 2-6 中的衣服颜色和款式显然更加适合于直播时穿着。因此，直播时服装要注意选择合适的颜色和款式。

1. 颜色

直播时，很多人建议要穿浅色衣服，因为深色会显得较为沉闷。但需要注意的是，如果身后背景是白色或素色墙壁，则要尽量让服装色彩与背景有较大反差，从而让讲师成为画面主体。否则，一不留神就会像变色龙一样，衣服变成了保护色，像是如图 2-5 所示，人和背景融为一体的话就不够醒目了。就像拍证件照时，通常我们在蓝色背景前会穿白色或浅色衣服，但在白色背景前都不建议再穿白色或很浅色的衣服。

具体来说，建议女性穿亮色服装。如紫色、橘色、宝蓝色等，与身后背景能够有效区分，又不会过于沉闷。如果穿深色服装，建议搭配亮色的丝巾，戴个漂亮的别针，或里面穿个亮色的内搭，既与背景有所区分，又能让屏幕有色彩、有亮点。尽量避免穿花边、蕾丝等装饰物过于繁多的衣服。

男士可以选择与背景形成反差的纯色服装，如蓝色衬衣，或深色西装里面搭配浅色衬衣，尽量避免穿格子、条纹、花纹等图案花哨的衣服。

2. 款式

由于直播服装只会露出上半身，因此，肩部和领口的款式选择会很重要。

▶ **肩部**：如图 2-5 的肩部略显邋遢，图 2-6 的肩部就显得很挺括。一般来说，直播时建议穿有小垫肩的衣服，既让肩部显得挺括，又能调整脸肩比，让脸显得小一点儿。而落肩和滑肩的衣服，通常会显得肩部和背部很厚实，有些虎背熊腰的感觉，即使是瘦人也会造成微胖的假象。

▶ **领口**："没有脖子"的屏幕形象是不完美的，想要显得脖子修长，就要避免穿高领衫，尽量穿圆领、V 领等衣服，它的脖颈拉长效果更佳。

选择服装时，建议大家可以从以下两类场景中多进行观察：一看新闻。新闻主播也是半身出镜，而且他们的衣着打扮是经过专业设计的，可以观察他们的服装款式和颜色，按图索骥。二看身边。每次参加远程会议或直播分享时，可以默默观察讲师的着装，尤其是观察哪些颜色、款式是"死亡款"，以让自己尽量避免穿着。

另外，衣服买回来后一定要打开电脑在屏幕前试穿一下。笔者非常深切的体会是：线下好看的衣服，上了屏幕真不一定适合，反之亦然。

2.2.3 应用案例

你觉得图 2-7 中屏幕上的这位讲师在形象方面要做哪些调整？（多选）

A ▶ 调整背景和光线

B ▶ 调整座椅高度，头部离上方屏幕一拳左右

C ▶ 调整摄像头高度，让视线和摄像头在一个水平线上

D ▶ 换件不显溜肩的衣服

答案：B 和 D

/ 第 2 章 / 屏幕呈现

图 2-7　讲师出镜的案例

很多人在进行直播培训或开远程会议时都会出现上面的情况。头部出现在屏幕的一半或下方，这样不但会显得讲师的脸过小，而且会让背景变得喧宾夺主。要注意调整自己与摄像头的距离及位置，让自己的上半身在屏幕中超过 3/4 以上的高度。

2.3　让呈现更动感

线下分享时，讲师的走动、大幅度肢体动作，以及和学员面对面的交流感，很容易凸显讲师的气场和影响力。但在直播时，讲师要如何在方寸屏幕上通过动作、语言提升对学员的感染力？此时，我们需要从手势、眼神、声音这几个方面来加以展现。

2.3.1　手势

手势动作对线下讲师来说至关重要，它可以放大讲师的感染力，有效拉动学员的注意力。也许有的人会问：在直播的方寸屏幕上还需要做手势吗？答案是：当然要。

我们经常会在直播中看到以下情况：虽然屏幕上出现的讲师脸上的笑容非常灿烂，但很多时候我们仍会感觉到这位讲师有些拘谨、放不开，而且学员长时间盯着一个只有讲师嘴巴在动的屏幕，注意力是非常容易分散的。而这些都很可能是因为缺少了屏幕前的手势动作。

手势可以让讲师减少尴尬，让学员注意力更加集中。直播时，学员的视线很自然会落在屏幕上正在移动的地方，如果讲师缺少手势，学员就会盯着讲师的脸，于是讲师的每个表情细节、内心的每个情绪变化、眼神的每次起伏波动，所有的面部微表情都会被学员看得清清楚楚，那些内心的紧张、尴尬更不会逃过学员的眼神。而手势动作可以将学员的眼神吸引开，有效地打破这种拘谨生硬的感觉。而且我们平时说话也是喜欢有手势的，伴随着手势的表达表现会更加自然、更加从容。同时，如果缺少手势，整个屏幕除讲师的口型外是相对静止的，而静态屏幕是很难抓人眼球的。因此，适当增加动作手势也能够有效拉动学员的投入和关注。

但在线上的小屏幕当中，如果手势幅度过大会显得人过于夸张。所以，直播时的手势动作要注意以下细节问题。

▶ **在胸前或脸部两侧做手势**：在胸前做手势可以确保手势出现在屏幕中央，在脸部两侧做手势则可以避免对脸部的遮挡。如果使用虚拟背景的话，要注意手部不要离屏幕太远。因为目前电子设备前置背景的识别技术还不够成熟，手部如果距离屏幕稍远，屏幕上就会经常出现只剩半只手或手里仿佛抓了很多东西似的诡异场景。

▶ **手势频率要适当**：有的讲师喜欢把手放在桌上，同时两手一直不停地做手势，这会让学员眼花缭乱，反而会干扰听众的注意力。

▶ **避免和减少过于向前的手势**：就像合影照中前面的人显得脸大，后面的人显得脸小一样，当手过于向前贴近镜头时，会成为整个屏幕的中心，不但喧宾夺主，而且会带给学员一种压迫感。

2.3.2 眼神

眼神交流是日常沟通中非常重要的一种交流方式。直播时，讲师也要做好跟学员之间的眼神沟通。其中的关键要点是：讲师一定要看着摄像头说话。因为只有你在看着摄像头时，学员才会觉得你是在看他，才会觉得你跟他有眼神的互动与交流。很多讲师在做内容分享时喜欢盯着电脑屏幕或看向屏幕两侧。这样带来的后果是，学员在屏幕上看到的讲师是低头、眘眼、东张西望的，缺少眼神的互动。

为什么讲师会出现这样的现象？一方面是本能和习惯。线下与人交流时，我们习惯看着对方眼睛说话。到了线上，很多讲师的本能也是去看屏幕中的学员，与他们出现在屏幕中的头像进行沟通。另一方面原因主要是由于有些讲师对授课内容不够熟练，需要经常看 PPT，以提示自己后面的讲课内容。

针对以上情况，直播时大家可以使用两台电脑登录，将电脑一前一后、一高一低进行摆放。如图 2-8 所示，一台电脑在前方播放课件、共享屏幕，另一台电脑在后方当作监视器，用来显示幻灯片内容和学员头像。

图 2-8　使用两台电脑进行直播

摆放时,后方电脑需要略微垫高,从讲师的角度看过去,让前方电脑的摄像头与后方电脑屏幕刚好在同一条水平线上。这样我们在看摄像头时,只要用眼睛的余光就可以看到监视器电脑上的课件和学员了,从而可以避免低头或往两边看的情况。

2.3.3 声音

经常会听到学员吐槽"这位讲师的声音让我想睡觉""这声音平淡到忍不住地走神"等抱怨。直播时,讲师要注意通过语速、语调、音量的控制,要善于运用声音的起伏变化来调动学员的注意力。

1. 语速

首先,直播时要注意语速问题。回顾这样一个场景:在聆听可以调整声音倍速的线上课时,你一般会用几倍语速收听回放?

☐ 0.8 倍语速　　☐ 正常语速　　☐ 1.2 ~ 1.3 倍语速

☐ 1.5 倍语速　　☐ 2 倍语速

这个问题笔者曾做过多次调查，统计结果显示，42%的人会用1.5倍甚至更高倍速收听回放；47%的人会用1.2~1.3倍语速收听回放，而极少有人会用0.8倍语速来收听回放。

线上听课时，学员的学习习惯是用最短的时间听到更多有含金量的内容，因此线上课的节奏比线下课的节奏要快。曾经听过一位讲师的线上课，原本一小时的内容，她硬是讲了一个半小时。当时她的解释是："因为是线上，担心大家会听不清，所以，我故意把语速放慢了些……"但也正是这个原因，让这场直播的在线人数一直在持续不断地下降。可见，语速慢的确是直播分享的一个大忌！尤其是刻意放慢的语速，更会极为挑战学员的耐性，当他们无法忍受时，便会找个理由离线。

但是，语速如果过快也会带来新的问题，一方面会给人一种火急火燎抢时间，不够从容淡定的感觉；另一方面，单位时间内信息量太大，学员也会难以消化吸收。

一般来说，直播语速在300~320字/分钟比较合适。加快语速的同时，还要注意增加停顿。每段话讲完之后要有停顿，每页PPT切换时要有停顿，核心要点讲完之后要有停顿，提问之后也要有停顿，或者经常问学员有没有不明白的地方。这些方法可以让学员既感觉课程节奏流畅紧凑，又能够确保他们对课程核心内容的消化吸收。

2. 语调

声音上，除要语速快、有停顿之外，还要做到语调富于变化。直播中，被学员吐槽最多的问题就是声音太小或太平。很多学员的吐槽点都集中在讲师语调没有变化，全都一个声调，听得直想睡觉……我们平时在日常沟通时，讲话的语调都会有起伏变化，为什么一做直播，声音就平了呢？一方面是因为讲师内心有些紧张，面对镜头有些放不开；另一方面是由于对授课内容不熟，脑子都在想内容，也就缺乏了语调上的起伏感。对此应该怎么调整呢？见效最快的方法是增加对课件内容的熟悉程度。直播前多进行几次试讲，将内容烂熟于心，并且通过反复打磨，确信这些内容给学员带来的价值，这样在直播时才会越讲越兴奋，越讲越放得开。

3．音量和手势

另外，有意识放大音量并配合手势也能够帮助我们提升语言的感染力。回想我们遇到一件开心的事情或是惊讶的事情时，通常会大喊一声，两只手也跟着手舞足蹈。人在兴奋状态下，声音会放大。当声音放大时，手势动作也会自然变大，抑扬顿挫的语调自然也就出来了，整个人的激情和感染力也会大大提升。因此，直播时不要压着嗓子，要调动自己的状态，有意识地放开声音，从而提升声音的变化和感染力。

需要注意的是，放开音量的同时，要注意嘴巴与话筒保持一定距离。如果离话筒过近，嘴巴开合时会时不时发出咂嘴声，这种现象在直播时会让学员很反感。

总结一下，声音方面要注意的事项包括：语速快、有停顿，音量大、有变化，不读稿、有交流，离麦远、不咂嘴。

2.3.4　应用案例

说到语速，最标准的莫过于《新闻联播》中的主播语速。这些年《新闻联播》里的语速也在不断变快，早年其播音的速度是 160～180 字／分钟，到了 20 世纪 80 年代变成了 220～240 字／分钟，20 世纪 90 年代以后速度再次加快，变成 280～300 字／分钟。

那么，《新闻联播》的语速在直播时适用吗？

答案是：直播时的语速可以在 300～320 字／分钟，以此让单位时间内的干货和知识密集度可以更高一些。2020 年新冠肺炎疫情期间，张文宏的演讲红遍大江南北，他的语速在 320 字／分钟左右。日常沟通中，这种语速也许有些偏快，但这样的节奏在直播时会很受听众欢迎。

2.4 让视觉更多元

直播时，学员一直盯着一个小镜头很容易视觉疲劳，走神溜号。如何运用多元的技术手段，给予学员多种视觉刺激，从而拉动学员的注意力呢？我们可以用课件、白板等多元化视觉呈现方式来达到这一效果。

2.4.1 课件

直播使用的幻灯片与线下使用的幻灯片有很多共性之处。例如，要有视觉冲击力、要清晰易读、要图示化等，这里就不再过多赘述。下面我们重点来看看直播课件和线下课件的不同之处。

1. 字大易读

直播时，很多学员是用手机来登录的，手机屏幕与电脑屏幕、线下的投影屏幕相比，尺寸小了太多。因此讲师一定要注意把幻灯片的文字变得更加精练、字号更大、文字更少，从而让课件更加直观、更容易阅读。

2．深底浅字

直播幻灯片分为两类，一类是内容页，即讲师用来讲授的页面；一类是互动页，即现场请学员进行涂写互动的页面。这两种页面要注意使用深浅不同的背景，如图 2-9 和图 2-10 所示。

图 2-9　内容页

图 2-10　互动页

一般来说，内容页建议使用深色背景，互动页建议使用浅色背景。内容页用深色背景是为了避免学员的视觉疲劳，学员长时间盯着浅色、明亮的屏幕，眼睛很容易疲劳不适，因此内容页通常使用黑色、蓝色、深灰等深色背景作为幻灯片底色。而互动时则要使用白色、灰白色等浅色背景，一方面学员在屏幕上的文本书写、涂鸦、连线等标记会更容易识别，另一方面浅色背景也更符合我们的日常使用习惯，就像我们平时喜欢在白纸上写东西一样，它更容易吸引学员在幻灯片上进行涂写。

3. 动态播放

直播时，学员无法接受长时间静止不动的页面，如果两三分钟屏幕上都是同一页没有变化的幻灯片，学员很快就会切换到其他事情上。因此，直播课件一定要增加动画功能，确保讲师每讲一点，屏幕上出现一点，同时也要避免一下子将所有内容全部显示在屏幕上，否则会带来两个风险：一是学员走神溜号。一般每页幻灯片的内容学员几十秒钟就能快速看完，让他们盯着一个页面听讲师喋喋不休地讲上几分钟是件很困难的事情；二是学员和讲师不在一个频道上，讲师在讲第一点时，有人在看第二点、第三点，所有人不同频，反而会影响直播效果。

因此，在幻灯片制作时，需要使用PPT"动画"中的"出现"功能，确保每讲一点，幻灯片里出现一点，这样才能让学员的注意力更聚焦，也能让他们的视觉感受富于动感和变化。

2.4.2 白板

做线下分享时，我们经常会在白板上边说边写。白板能让学员的视线聚焦，能将抽象的内容视觉化呈现。在线直播时，也可以同样使用白板来引领学员的思路。线上白板常用的有两种：平台白板和纸质白板。

1. 平台白板

一般的直播平台都提供白板功能，在"共享屏幕"时选择"白板"，使用平台画图功能就可以直接在上面涂写。如果觉得鼠标操作不方便，可以购买手写板，无论是写字还是画图都会更加流畅。

为了避免在幻灯片和白板之间多次切换共享，也可以直接在幻灯片里预留空白页，需要讨论和在白板上涂写时，直接就在该空白页上涂写就可以了。

但是无论是白板还是幻灯片空白页，所使用的大多是画图功能，在保存时一般只能保存成图片格式。如果希望做成文件，不断补充更新内容，推荐使用 Windows 的自带软件 OneNote。讲师可提前在文件中把板书的框架建好（见图 2-11 的打字部分），在直播时边讲边填充相应内容（见图 2-11 的手绘/手写部分），手写或打字均可，而且文件上的所有图片与文字均可任意拖动、复制、保存、分享。

2. 纸质白板

直播时，也可以使用普通 A4 纸来当作白板，通过手机摄像头将我们在白纸上的所有涂写都投屏到直播屏幕上。

图 2-11　用 OneNote 做电子白板

讲师可以购买一个手机俯拍支架，将手机提前放置在俯拍支架上，桌上放好 A4 纸，用粗头笔在纸上进行涂写，这种方式与线下白板的呈现效果非常相似，如图 2-12 所示。

图 2-12　利用手机俯拍支架进行手写板书

在实际操作时，可以用手机和电脑两个账号同时登录，正常讲课时使用电脑共享文件及授课，需要板书时将手机账号设置为"焦点视频"，这样在白纸上的所有涂写都会实时显示在屏幕上。但要注意，在白纸上涂写时，最好使用粗头笔或彩笔，避免使用普通的签字笔，以免字迹太浅学员看不清，如图2-13所示。

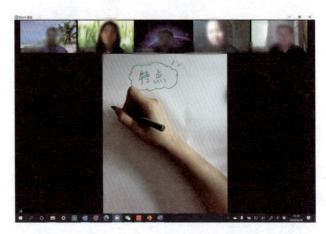

图2-13　使用粗头笔进行板书

2.4.3　应用案例

小镜子也是直播视觉呈现的一个利器。讲师可以将一面折叠小镜子放在电脑摄像头的上方，将一张白纸放在键盘的位置，用粗头笔在纸上写字，镜子会通过反射将所有板书过程呈现到平台上，如图2-14所示。

不过，由于镜子的反射原理，学员在屏幕里看到的文字是左右相反的，因此，它仅适合用于偶尔性的板书操作，如果要经常使用板书，建议还是用俯拍支架更为合适。

/ 第 2 章 / 屏幕呈现

图 2-14 用小镜子辅助板书

2.5 让环境更专业

学员走进直播间，都希望看到专业的背景、明亮的图像、清晰的音视频。这样的直播环境，需要购置很多设备吗？以下哪些设备是直播时必须要采购和配置的？

☐ 背景板/墙　　☐ 外置摄像头　　☐ 麦克风
☐ 手写板　　　☐ 补光灯　　　　☐ 俯拍支架

答案：如果是专业直播间，这些设备都是非常必要的，无论是背景、灯光，还是录像、收音设备等，都需要配置齐全且设备专业。

但事实上，很多讲师经常是在会议室或家里找个房间临时布置一下就开播，这时，上述设备就可以用手边的现有资源进行替换和调整，用较少的设备快速打造一个因地制宜、实用有效的直播环境。

例如，背景布置除背景板/墙之外，完全可以用白墙、窗帘，甚至是素色床单来布置，这些元素也可以让直播背景显得非常清爽。又如，补光灯可以用家里的 LED 台灯替代，将台灯摆放在面前的桌子上，直接打在脸上，效果同样很好。

接下来我们将从直播环境布置的各个维度，逐一介绍注意事项及常用设施，同时也会告诉大家上述设备在什么场景下需要购置。

2.5.1 背景

如果走进这样两个直播间，你的心理感受会有什么不同？

▶ 案例一：

讲师身后是家里的花窗帘，一朵朵红黄大花纵横交错；窗台上摆满了杂物，各种商品包装盒与书籍、玩具堆放在一起；屏幕角落里还能隐约看到房间里的床，床上铺着一条学生时代的蓝白格床单。

▶ 案例二：

讲师身后是一个干干净净的素色背景，墙上贴着一张打印海报，上面有本次课程的名称，角落里摆放着一盆绿植作为映衬。

上面两个场景都是笔者在实际直播时见到的真实案例。案例一中，讲师身后的那些杂物成功吸引了学员的注意力，直播时大家纷纷在弹幕上刷屏，根据商品包装盒信息判断讲师家里用了哪些小家电和电子产品，还有人在交流那个床单很熟悉，激起了年少时的回忆等。直播时，这些隐私和杂乱的物品不适合出现在屏幕上，不但显得格调不高,而且会让无关信息干扰到学员的听课效果,甚至会影响学员对讲师的信任程度。让背景清清爽爽,避免各种无关的、杂乱的事物出现是对直播背景的基础要求。

直播背景的布置要做到以下几点。

▶ **背景清爽**:最简单的方式是找一面白墙或素色的墙面,或者是找一个纯色的窗帘作为背景。身后可以放一些绿植鲜花,或将分享主题、公司 LOGO 等打印出来贴在背景上,让学员一进入直播教室,就能感受到与主题相关的氛围,如图 2-15 所示。

图 2-15 用素色窗帘做背景

▶ **背景匹配**:如果想让背景与直播主题更加吻合匹配的话,还可以做些环境布置。例如,茶艺培训时,讲师可以在一个茶台前进行直播;分享中国传统文化时,讲师身后可以放些书画作品。对于一般的直播培训,我们可以在书架前进行直播,书香气息与培训环境是极为吻合、匹配的,如图 2-16 所示。

图 2-16　用书架做背景

▶ **善于遮挡：**有时我们会面临一些条件限制，如身后有半扇门、有玻璃隔断、有各种杂物或柜子，很难找到匹配的清爽背景。在这种情况下，建议大家可以用素色床单、白板纸或是行动学习中常用的引导布遮在杂物前面，一布遮百乱，确保出现在屏幕前的背景是干净整洁的，如图 2-17 所示。

图 2-17　用床单做背景

需要注意的是，无论是墙面还是窗帘，都要避免色彩过于艳丽、抢眼。笔者曾见过一位讲师在红墙前面进行直播，直播一开始，学员们就开始在聊天框里讨论这位讲师身处何地。有人问："老师这是在拍结婚照的摄影棚里直播吗？"有人答："不，这是在故宫！"可见大家的注意力都被这浓烈、抢眼的背景给带跑了。

所以，素色、清爽的背景，或与主题匹配的背景，是我们在日常直播时最基本的背景要求。

另外，很多讲师会因为身后背景杂乱，而干脆使用平台自带的虚拟背景。虚拟背景的好处是遮乱，使用系统自带的图片，或选择自己喜欢的图片作为背景，可以遮挡杂乱的真实环境，让学员的视线聚焦在讲师身上。但由于目前在前景背景识别技术上还不够成熟，使用虚拟背景时需要注意，尽量不要用白色或浅色图片作虚拟背景，这样人像（尤其是头发）与背景反差过于鲜明，会使人像边缘的抠图感特别强。另外，如果讲师出现前后晃动或手势幅度较大时，还经常会出现只有半个头、半只手等图像抓取不全的情况。

在使用虚拟背景时，可以使用蓝色、深灰、紫色等深色图片作背景，或是找一些高楼大厦等类似窗外风景、书架背景、窗帘背景的图片等进行设置，让人像与背景的衔接更加自然，如图2-18所示。

自定义虚拟背景的设置方式是：找到一张合适的图片，保存在电脑中→在直播平台的视频设置中点击虚拟背景→点击添加图片或视频→选择刚刚保存的那张图片即可。

同时，虚拟背景还有一个作用，就是它可以作为直播课堂的视觉化呈现与互动方式，让学员把想说的话，或对某个问题的答案做成虚拟背景,所有人在屏幕上共同展示,其呈现效果往往会非常直观。如,讲师提问之后,可以请学员每人写一句话作为虚拟背景来展示,如图 2-19 所示。

图 2-18　虚拟背景

图 2-19　用虚拟背景进行交流呈现

操作方式如下。

▶ **第一步**:在 PPT 中进行设置。打开一页幻灯片,将其背景设置为深色,将想说的话写在幻灯片的左上角或右上角。

▶ **第二步**:保存为图片。在 PPT 中选择"文件→导出→更改文件类型→JPEG 文件交换格式"之后另存为即可。

▶ **第三步**：将图片设置为虚拟背景。在直播平台的视频设置中点击"虚拟背景→点击添加图片或视频→选择图片"即可。

2.5.2 光线

光线的明暗对直播的视觉呈现效果至关重要，如果调整不当，会经常出现阴阳脸、剪影脸等情况。以图 2-20 为例，如果在这间会议室直播，对于 A、B、C 这三个位置来说，你认为讲师坐在哪里更合适？

图 2-20　选择会议室的哪个位置做直播

A ▶ 坐在白墙前面，面对窗户

B ▶ 坐在中间位置，身后是绿植

C ▶ 坐在窗户前面，面对白墙

答案是选 A，坐在白墙前面，面对窗户，并将角落的绿植移到自己身后一侧。

直播间的光线要求是：光线明亮柔和，尽量避免侧光和逆光。通常，光线有顺光、侧光、逆光三种。顺光就是 A 位置，处于自然光或人工光照射的角度下，讲师出现在屏幕中会更加清晰；侧光是 B 位置，人脸与光线呈 90°，一边有光，而另一边没有光，脸上会一边亮一边暗，形成阴阳脸的效果；逆光是 C 位置，背对窗户，光从身后打过，这样讲师的脸出现在屏幕上是黑的，容易形成剪影效果。直播时如果能坐在窗前，让自然光打在脸上是相对比较好的，当光线不足时或不得不选择 B 和 C 的位置时，通常需要使用补光灯。

常用的补光灯有两种：落地补光灯和台灯。如果只需要真人出镜，面前不放桌子和电脑，建议使用落地补光灯。它能近距离放在讲师面前。还可以利用支架架设手机或摄像头，一举两得，网上几十元到上百元的都有，很容易购买。

如果如图 2-20 所示，讲师面前有桌子，而且通常在远程会议、直播培训时都需要边讲课边操作电脑进行屏幕共享，这时推荐使用台灯而不是落地补光灯。因为有桌子的阻隔，落地补光灯在桌子一端，讲师在另一端，灯光和人之间距离较远，补光效果会大打折扣。而台灯在桌上的位置可随意调整，可以在离讲师比较近的距离下进行补光，打在脸上的效果也会更好。一般家里都有台灯，只要发出的是白光或中性光即可，不用单独购买。但需要注意的是，避免使用黄光台灯或是带灯泡的、瓦数很高的台灯，黄光会使讲师的脸显得蜡黄，高亮度的灯泡打在脸上则像是审讯室在审讯犯人。

另外，戴眼镜的讲师在使用补光灯时，镜片上会出现光影，从而带有非常明显的反光。这时建议在台灯下面放几个纸盒或比较厚的书籍,把台灯垫高十几厘米,让光线略高于眼睛,这样可以大大减少镜片反光。

2.5.3 设备

如果经常做直播,以下设备是建议购买或加以配置的。

▶ **摄像头**:如果电脑摄像头清晰度不高,或有些笔记本电脑的摄像头在屏幕下方(会形成45°仰拍的"死亡视角"),则建议使用外置摄像头,而且最好是购买带麦克风功能的摄像头。很多知名品牌的摄像头都带有麦克风功能,它不但可以优化视觉效果,还可以收音降噪,增加声音的清晰度。如果直播平台支持多账号登录,讲师也可以使用手机作为摄像头,其清晰度、美颜功能、收音效果都远超电脑。

▶ **补光灯或台灯**:补光灯是直播的刚需,它可以避免出现光线不足或脸上有光影的现象。讲师可以根据需要购买补光灯,或直接使用家里的台灯替代。白光或中性光台灯均可,无论灯头是环形、圆形,还是长条形都可以,近距离打在脸上的差异都不大。

▶ **手写板**:在线直播时,我们经常会在屏幕上进行涂写,标注重点,引导思路,类似于线下白板的作用。如果使用Surface、iPad等触屏设备,可以直接使用设备配套的电容笔。如果使用的是非触屏电脑,建议购买一个手写板,直播时可以边讲边涂写。

▶ **俯拍支架**:如果喜欢在白纸上涂写的话,俯拍支架则是必不可少的。把手机放在支架上,能让讲师的所有手写动作全部清晰地共享在屏幕中,视觉冲击力和动感呈现效果都会非常好。

另外，直播间还可以常备一些纸盒或比较厚的书籍，方便把电脑垫高，让视线与摄像头处在一个水平线上，或把台灯垫高，以免灯头在眼镜上反光。

2.5.4 应用案例

我们在家或在办公室直播时，可以因地制宜地对环境进行改造。如图 2-21 所示，就是一个利用阳台改造的临时直播间。

图 2-21　阳台改造的临时直播间

讲师把孩子玩耍的阳台改造成了临时直播间，在游戏垫上放了一个琴凳当作电脑桌；打开面前的窗帘，让自然光刚好打在脸上，面部清晰明亮；身后还有纯色的窗帘作为背景。出现在屏幕里的环境简洁、明亮、柔和。谁能想到这是用两把凳子拼成的临时直播间呢？

打造一个简洁明亮的直播环境并不难，也无须花费重金。我们只要知道哪些可以做，哪些要避免，一个因地制宜的直播间很容易就能布置出来。

2.6 让干扰去无踪

大家在直播过程中遇到过哪些尴尬事件？像是家里孩子、猫猫、狗狗的乱入再正常不过了。除此之外，还有哪些？例如，直播时，电脑屏幕右下角忽然弹出的不雅广告框，花里胡哨满屏都是文件的电脑桌面，电脑里不断传出的微信声、QQ声，电脑突然死机……这些情况在很多直播中都很常见。其实，这些尴尬大多可以通过前期的准备、检核给规避掉。那么要如何防患于未然，做好直播前的准备工作，避免直播过程中出现图像、声音等的干扰呢？

2.6.1 图像干扰

1. 避免人或宠物的干扰

直播时，我们会经常面临一些周围环境或他人的干扰，例如，突然推门而入的无关人员，甚至是出现宠物的身影。笔者曾多次见到，直播时屏幕里忽然出现一只猫咪，或是出现孩子探头探脑的模样，抑或有同事在讲师身后来回穿梭。这一刻，学员的注意力自然会被这些"不速之客"所吸引。

因此，在直播前要记得关好门窗，关好宠物，管好孩子，以免给课堂秩序造成干扰。

2．避免各种弹出的广告框、对话框等

曾见过有位讲师的直播屏幕右下角有只小动物的动画在不停晃动，很多学员在聊天框里问那是什么，讨论了半天才明白是输入法自带的动画。也曾见到有的直播屏幕右下角忽然跳出一个广告框，里面还有一些不雅的内容，搞得讲师非常尴尬。

因此，在直播前我们需要做到以下几点。

▶ 关闭输入法的动画。

▶ 关闭无关软件，避免弹出广告。

▶ 关闭邮件，避免跳出提醒通知。

2.6.2 声音干扰

声音干扰往往来自于电脑、电话和身边的各种噪声。因此，直播前，讲师要进行以下设置。

1．关闭电脑中的微信声、QQ声及各种App声音

声音干扰中，最常见的就是电脑中的微信声、QQ声，以及很多公司的办公平台发出的提醒声，这些声音往往特别高频，如果不提前设置关闭的话，它甚至会成为直播的背景音，学员每隔几分钟就会被"咚咚咚"的声音干扰，时间长了难免会产生烦躁的情绪。

2．手机静音并关闭闹铃

手机铃声也是非常常见的一种声音干扰。如果没有急事要处理的话，尽量把手机调到静音模式，而不是震动模式，否则手机在桌面上的震动声也会产生干扰。此外，还要记得把手机的闹铃给关掉，否则直播时忽然传出震耳的闹铃声,会把所有人都吓一跳的。

3. 搁置座机话筒

除手机声这类电话声音之外,我们有时还会受到座机声的干扰,如果直播房间里面有座机,直播前一定要记得把座机话筒提前搁置在一旁。

4. 关闭智能音箱

很多人家里会有一些智能音箱,如百度小度、小米小爱或天猫精灵等。直播中无意的一句话或是几个词,都有可能会被这些设备误认为是唤醒信息。曾见过一位讲师直播时身边忽然传来一句:"主人,我在呢,有什么吩咐?"顿时让场面变得无比搞笑和尴尬。

5. 关好门窗

直播时,讲师一定要注意关好门窗,避免外面的人员、车辆等带来的噪声。如果在会议室进行直播,门上最好贴有提醒,避免有人推门或是敲门形成干扰,如图 2-22 所示。

图 2-22　在门上贴提示条

2.6.3 设备风险

设备原因、网络原因是直播中常见的不可控因素，如电脑忽然死机或蓝屏、直播系统连接不畅、网络忽然发生卡顿等。为避免出现这些情况，我们需要对电脑、文件、网络、电源进行多重备份。

1．电脑备份

建议准备一台备用电脑，直播时两台电脑同时登录。备用电脑既可以如前文所说，起到监视器的作用，又是对设备的备份，一旦共享屏幕的电脑发生故障，可以马上切换电脑，实现无缝衔接。

2．文件备份

讲师在直播前要把需要分享的幻灯片以及相关文件复制在备用电脑中，并且提前打开，一旦发生设备或文档故障时，可以用最快速度切换到备用电脑中正在播放的页面上。

3．网络备份

网络卡顿是直播中最不可控的因素之一，即使直播前反复测试，实际上线后也还是有可能出现网络卡顿的情况。因此，备用电脑不但可以作为设备、文件备份，也可以作为网络备份。将一台电脑用WiFi或有线网络连网，另一台电脑用手机热点连接，确保两台网络设备同时在线，这样在一台网络设备发生故障或卡顿时，可以及时切换，不至于影响学员的听课效果。

4．电源备份

笔者曾在直播时遇到过电脑忽然提醒电量不足的情况，当时马上就一身冷汗下来，赶紧临时安排了一个互动环节，在学员讨论的间隙去把电源接好。之后每次直播前，我一定会提醒自己去检查电源是否插好。如果用手机热点作为网络备份的话，由于热点特别消耗电量，因此直播前还需要提前接好手机电源。

2.6.4 其他风险

除前面所说的干扰因素之外，直播时还有一些因操作不当带来的小风险，这些问题也要提前进行规避。

1．文件共享要注意保护隐私

直播时，有的讲师会选择共享屏幕，学员可以实时看到讲师在电脑上的所有操作和文件切换过程。然而这样带来的风险是：讲师的很多信息或隐私会被暴露。例如，很多讲师的电脑桌面杂乱无章，密密麻麻的文件布满了屏幕。学员不但可以看到，而且也可以非常方便地截屏、录屏，如此一来，讲师很多个人隐私、保密信息就都会被他人留存。因此建议文件共享时，选择"共享文件"而非"共享屏幕"。

共享文件与共享屏幕有什么不同？共享文件指的是学员只可以看到讲师共享的单个文件，而共享屏幕则是指学员能够看到讲师在电脑上的所有操作，如图 2-23 所示。

除共享屏幕要慎重之外，为防患于未然，讲师最好提前将桌面文件整理归档，避免所有文件都堆放在电脑桌面上，以防暴露隐私。

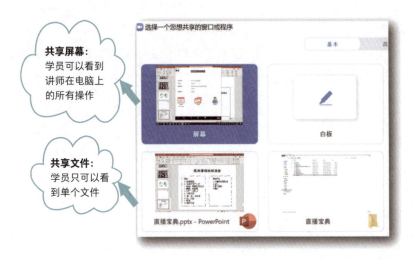

图 2-23 共享屏幕和共享文件

2．不喝碳酸饮料

这是笔者的一个惨痛经历。记得笔者在第一次上直播课时，中午为了节省时间，订了一份汉堡和可乐。没想到尴尬的事情来了：课上一个嗝接一个嗝，且无法控制。而我们出现在屏幕上又是近景，这些细节和小动作，学员看得清清楚楚，当时内心的阴影面积瞬间爆棚。因此在直播前一定要避免喝碳酸饮料，以免出现这种尴尬场面。

2.6.5 应用案例

这么多需要注意到的细节，如何能够面面俱到？大家可以根据自己的情况建一个直播前的自检表，每次课前按照清单进行操作。这里为大家准备了一个直播前的常用检核清单，如表 2-1 所示。快去挑选你的必备事项，完成自己的检核表吧！

表 2-1 直播前检核清单

事项		是否完成
电脑	关闭无关软件，避免弹出广告	
	关闭输入法动画	
	关闭邮件，避免跳出提醒通知	
	关闭电脑中的微信声、QQ 声及各种 App 声音	
	整理电脑桌面，将隐私性或杂乱文件归档	
	准备一台备用电脑，拷贝文档及资料，并提前打开	
	两台电脑连接不同的网络设备	
	接好电脑电源	
电话	手机静音（静音模式，而非震动模式）	
	关掉手机闹铃	
	打开手机热点，作为网络备份	
	接好手机电源	
	搁置座机话筒	
其他	关闭智能音箱	
	关好门窗、关好宠物、管好孩子	
	门上贴免打扰提醒	
	不喝碳酸饮料	

2.7 本章小结

在屏幕呈现的人、课、场三个维度中，人是最关键的因素，屏幕呈现的核心是让讲师成为方寸屏幕上的主角，通过放大讲师的感染力来拉动学员的注意力，因此，在人的维度上，讲师不但要通过位置、服装让形象更得体，更要通过手势、眼神、声音来增加动感，增强感染力；在课的维度上，要用好课件、白板等多种视觉呈现方式，让屏幕呈现更加多元化；在场的维度上，要将背景、光线、灯光设置得更加专业匹配，并将各类干扰因素提前规避掉。

每个环节的注意事项如表2-2所示。

表2-2 屏幕呈现注意事项

要求		要	不要	补充建议
让形象更得体	距离	离屏幕一臂距离，上方距屏幕顶部一拳，下方露出两颗扣子	▶ 过近：显脸大 ▶ 过小：头部上方留白过多	如果笔记本电脑摄像头在键盘处，可购置外置摄像头
	高度	视线与摄像头在同一水平线	45°仰拍的"死亡角度"	
	服装	▶ 颜色：与背景颜色形成反差的纯色服装 ▶ 穿深色衣服时，可搭配亮色内搭或丝巾、配饰	衣服与背景同色或格子、条纹、花哨图案的服装	购买服装后，在镜头前而非在镜子前试穿
		款式：圆领或V领，有小垫肩的服装	高领衫或滑肩、落肩款的衣服	
让呈现更动感	手势	在胸前或脸部两侧有适度的动作手势	没有动作、频率过高、向前转身	虚拟背景时，手势幅度范围最好位于胸前
	眼神	养成看摄像头的习惯	看屏幕中的课件与学员	两台电脑登录，监视器电脑与摄像头齐平
	声音	语速快、有停顿，音量大、有变化，不读稿、有交流，离麦远、不哑嘴	语速过慢，声音太平	让自己放松和兴奋起来

续表

要求		要	不要	补充建议
让视觉更多元	课件	字大易读、深底浅字、动态呈现	长时间保持一个不动的页面	内容页用深色背景，互动页用浅色背景
	白板	可使用平台白板，也可使用俯拍支架或小镜子在白纸上书写		在 OneNote 上既可手写，也可打字，且容易编辑
让环境更专业	背景	清爽：墙面或窗帘+绿植/分享主题	颜色过于艳丽的背景	如果背景杂乱，可以用白板纸、素色床单或引导布遮挡杂物
		匹配：书架或与分享主题相关的道具	杂乱或暴露隐私的物品	
		虚拟背景：选择深色背景或合适的图片，也可用来与学员互动	虚拟背景颜色太浅，与人像反差大	
	光线	自然光打在人脸的正面或用白色台灯进行补光	黄光、强光、逆光或侧光	如果戴眼镜反光，可把台灯放高一些
	设备	建议配置摄像头、手写板、台灯/补光灯、俯拍支架		
让干扰去无踪		见表 2-1《直播前检核清单》		

第 3 章

内容设计

Chapter Three

3.1 直播内容的要求

针对线上学习来说，一方面学员总在吐槽注意力很难集中，走神、溜号、换台、下线的事情频频发生，很多人对直播效果存在质疑；但另一方面我们也注意到，越来越多的人会主动去哔哩哔哩、知乎或其他学习平台上进行搜索，学习自己感兴趣的内容，并且反复学习，乐此不疲。

这说明，线上学习时代的到来，让学习这件事越来越从被动行为变成主动行为，学习的主动权也越来越多地掌握在学员手里，如果讲师讲的内容有用、有趣，学员就会乐意学、认真学；如果讲师讲的东西脱离学员的需求，学员就会毫不迟疑地做出最直接、最真实的反应——下线或做其他那些他认为更有价值的事情。

因此，直播培训对讲师在直播内容方面提出了更高的要求：要让内容更加符合学员的需求、打准学员的痛点，要时刻激发学员主动学习的欲望，让学员感觉到直播内容是贴近他们的、是落地有效的、是生动且有吸引力的。因此直播内容需要同时具备两大特征：有用和有趣。有用能让学员感知到价值，有趣能够吸引学员投入。因此，将有用的内容用有趣的方式呈现出来，才能有效激发学员由内而外的注意力，使其全身心投入直播课堂当中。

3.1.1 直播内容的七宗罪

笔者观看过大量的直播课程，能满足上述要求的内容实在少之又少,反而下面这些问题却非常普遍,也正是因为下面这些问题的存在,学员才会频频走神、下线,让直播效果大打折扣。我们把这些问题总结为直播内容的七宗罪,看看你遇到过哪些?

▶ **目标不清**:没想清楚每部分内容要解决学员的哪些痛点,要实现哪些目标,仅仅是传递知识,轻描淡写,隔靴搔痒。

▶ **脱离实际**:与学员的应用场景脱节,就理论讲理论,学员学完了不知道用在哪里,不知道怎么用。

▶ **内容过多**:不管对学员是否有用,海量信息填充进来,什么都讲了,却什么都没讲透,反而冲淡了重点内容。

▶ **逻辑混乱**:内容逻辑不清晰,缺少及时、反复的总结提炼,学员很难跟得上、记得住。

▶ **节奏拖沓**:整体节奏太慢,内容拖沓冗长,学员很容易走神、下线。

▶ **枯燥乏味**:干货太干,理论性太强,不够生动、欠缺吸引力,学员的参与度不高、收获有限。

▶ **缺少应用和评估**:讲完就结束,缺少应用和评估,学员学会了吗?学会了多少?统统不得而知。

其实不仅直播时会出现这七宗罪,大量的线下培训也存在类似的问题。但线下培训时,有教室的存在,有师生面对面的交流,学员会给讲师三分薄面,忍耐性会稍微好一些。而直播时,上面任何一种情况都会导致学员直接切换屏幕,甚至全程不出现在屏幕前。当学员不再给讲师面子,当学员的反应更加真实、直接时,就要求讲师要更懂学员、更懂直播、更懂培训,更得站在学员的角度来设计内容。

3.1.2 内容设计的五大原则

既然要站在学员角度设计内容,让学员成为直播课堂的主体,激发学员主动学习的愿望,那么我们在内容设计时就需要符合以下五条原则:定位准、内容精、架构巧、节奏快、与学员同频,如图3-1所示。

图3-1 直播内容设计的五大原则

▶ **定位准**:从学员的痛点、难点出发,让学员觉得这就是自己面临的问题、经常遇到的挑战,这就是"我"关心的、"我"想学的、与"我"息息相关的事情。

▶ **内容精**:课程内容要避免放之四海而皆准的空泛理论,而要涵盖实用有效能落地的做法,学员拿来就能用,用了就有效。

▶ **架构巧**:内容架构符合成人线上学习的特点,内容深入浅出、生动吸睛,让学员听得懂、跟得上、记得住。

▶ **节奏快**：要记得"遥控器"一直被学员牢牢握在手里,他们每隔几分钟就会产生换台的念头,因此直播课程的节奏比线下课程要更快,知识密度要更高,每几分钟就要给出一个干货或亮点,牢牢抓住学员的注意力。

▶ **与学员同频**：这是直播课程的核心。只有说到学员的痛点,激活学员的经验,用他们的语言讲他们感兴趣的内容,才有可能让他们放下手中的"遥控器",安心坐在屏幕前投入直播学习中,从而实现预期培训目标。

3.1.3 内容规划的三大步骤及八项任务

想要体现上述原则,真正做到与学员同频,在进行内容规划时可以按照三大步骤来完成八项关键任务,如图 3-2 所示。

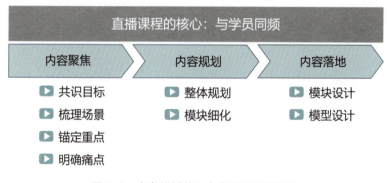

图 3-2 内容规划的三大步骤及八项任务

1. 内容聚焦

明确直播目的与学员痛点,定位本次直播要解决的重点场景下出现的问题。具体来说包括以下几项。

▶ **共识目标**：明确直播发起方的需求或学员及其上级希望解决的问题，确定直播目标。

▶ **梳理场景**：为了实现目标，明确学员的具体工作任务与具体应用场景。

▶ **锚定重点**：对学员诸多应用场景进行重要性和可行性分析，明确本次直播的重点。

▶ **明确痛点**：明确学员在每个应用场景下会出现的问题、所面临的挑战，并找到相应的解决方案。

2．内容规划

对直播内容的整体框架进行梳理，对内容模块进行细分。

▶ **整体规划**：对直播的标题、结构、内容、评估方式等进行全面规划。

▶ **模块细化**：将内容切分成一个个 5～8 分钟的子模块，确保节奏恰当。

3．内容落地

▶ **模块设计**：对每个 5～8 分钟的子模块进行精心设计，让学员觉得内容有用、方式有趣。

▶ **模型设计**：对重要内容及核心方法论进行包装建模，让学员跟得上、记得住。

接下来，我们将对这三大步骤中的八项任务进行逐一拆解。

3.2　内容聚焦

直播的课程时长通常比线下要短，这就要求讲师要对课程内容进行凝练，针对重点问题，提供实用方法，挤掉水分，提炼干货。因此，聚焦场景，打准痛点是设计直播内容的第一步。

为方便大家理解，下面将通过一个具体案例来详细阐述。

案例背景：这是一家互联网公司，在公司快速发展过程中，很多管理者的专业能力很强，但管理能力不足。他们对员工有定薪、调薪、奖金发放等方面的权利，但是一些管理者并不善于使用这些职权，不愿管、不敢管，导致"平均主义""吃大锅饭"的情况出现；也有一些管理者不知道怎么用好薪酬管理工具，"拍脑袋""乱决策"，让员工觉得不公平，收入与付出不匹配。

因此，人力资源部的薪酬负责人Sandy开发了一门"薪酬管理"的线上直播课程，目的在于传递正确的薪酬理念，让管理者了解公司的薪酬政策，掌握薪酬管理的方法，用好薪酬管理工具，从而吸引人才，留住人才，用好人才。

最初设计这门课程时，Sandy并没有太大压力，因为她的专业经验非常丰富，之前在国际知名的管理咨询公司工作多年，加入这家公司之后又顺利完成了公司整体薪酬管理体系的设计搭建工作，无论理论知识，还是实操经验，对她来说都不在话下。

所以，她只用了一个周末时间，就快速把之前参加培训收集的诸多资料整合了一下完成了课程的内容准备。为保险起见，她先给各部门的HRBP（人力资源部派驻到各个业务部门的业务合作伙伴）

进行了一次直播试讲。但没想到大家的反馈是：内容太专业、大部分听不懂、与实际业务脱节、不适合给管理者进行培训等，诸多差评接踵而至，这让 Sandy 非常沮丧。

问题出在哪里呢？其实看一下她的课程大纲就能了解一二，如表 3-1 所示。

表 3-1　案例：薪酬管理的第一版课程大纲

第一章　薪酬体系	第二章　薪酬设计
▶ 薪酬的定义 ▶ 薪酬管理的内容 ▶ 薪酬体系设计方法论 ▶ 薪酬管理框架 ▶ 薪酬使命与理念	▶ 薪酬设计原则 ▶ 薪酬体系执行工具 ▶ 岗位薪酬策略 ▶ 职能薪酬策略
第三章　薪酬调整	第四章　奖金激励
▶ 年度调薪考量因素 ▶ 年度调薪操作办法 ▶ 年度调薪税筹方案 ▶ 年度调薪安排	▶ 奖金结构 ▶ 经营团队奖金模型 ▶ 非经营团队年度奖金 ▶ 奖金发放准则 ▶ 奖金计税方法

这门课程的典型问题有以下几个。

▶ **定位偏**：整个课程是站在薪酬设计者的视角，而不是站在学员的实际应用场景角度进行设计的。

▶ **内容多**：信息量太大，直播要解决的核心问题不清晰，过多的知识反而冲淡了重点。

▶ **太专业**：内容过于理论和专业，学员很容易听得云里雾里，不知所云。

如果脱离学员的应用场景纯讲理论，希望学员依靠自己的悟性来举一反三、理论联系实际，这在直播时几乎是不可能的事情。线下培训时也许学员还能耐着性子听一会儿，在教室里仔细琢磨一下，但直播时他根本连往下听的兴趣都没有，更别说自己去进行理论的转化和落地。

因此在直播内容设计上，一定要找准学员的实际问题，想清楚这门课程学员会用在什么地方，他具体要做哪些事情，每件事情当中的痛点、难点有哪些，并且围绕这些实际问题去寻找相应的解决办法，从学员的应用场景出发进行理论的讲解，也就是要共识目标、梳理场景、锚定重点、明确痛点。接下来，让我们一步步进行具体分析，如图 3-3 所示。

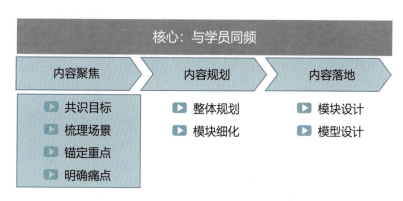

图 3-3　三大步骤之第一步：内容聚焦

3.2.1　共识目标

直播要面向什么人群？基于什么背景？解决什么问题？实现什

么目标？这是每位讲师直播前一定要想清楚的事情。如果方向偏了，目标模糊，后面做的一切事情都可能失之毫厘，谬以千里。

笔者曾经带领一家公司多位讲师开发一系列直播课程，其中一门课程是"销售和谈判技巧"。当时培训组织者对这门课程的定位是：这门课程面向技术部门人员，因为公司从今年开始要求技术研发人员要陪同销售人员一起打单，他们要对技术方案进行介绍，从而增加客户对公司产品和服务的专业认可度。

这个需求听起来很合理，讲师们也很快基于整个销售流程进行了分解，梳理出在每个销售环节当中技术人员都要做哪些事情，哪些环节主谈，哪些环节要做好补位配合，以及技术人员在每个环节中经常会出现的问题等。课程框架搭建完成之后，讲师们便拿给技术部门的领导去征求他们的意见。

结果，对方却说这门课程对技术研发人员来说是没有用的，因为陪同销售人员去打单的一般都是技术专家和管理层，而他们早已经接受过相关培训，普通技术研发人员既不会去见客户，也对这门课程不感兴趣。此番话一说出来，我们前面所有工作就等于全都白费了。因此，设计课程内容之前不但要厘清直播目标，而且各相关方一定要对目标达成共识。

如何厘清直播目标？我们要来看谁对这件事最有发言权。一般来说，企业里发起一场直播时，最清楚背景、目的的人是发起者、主办者，而最了解学员情况的人往往是他们的直接上级。因此，通常要从两个维度去厘清目标：一个是发起者、主办者维度；另一个是学员上级维度。

发起者在沟通时通常会直接告知直播主题，但不一定会主动介绍他背后的思考过程和触发因素，因此我们要向其主动了解更多信息。同时，为让信息更加准确，避免发起者提供的信息不明确，或者如前面案例中，当发起者的职位不是很高，对主题的判断不一定客观准确时，我们还要去找到学员的上级，从他们那里了解到更多信息。

一般来说，在通过这两类人群澄清目标时，我们通常要从三个方面进行调研，即 Background、Audience 和 Result，简称 BAR，如图 3-4 所示。

图 3-4　目标澄清的 BAR 模型

▶ Background（背景）：为什么要确定这个主题，基于什么背景？

▶ Audience（听众）：希望面向什么人群？

▶ Result（结果）：通过这次直播要解决哪些问题？

例如，Sandy 的薪酬课程基于的背景（B）是：在公司快速发展过程中，很多管理者是从技术骨干当中提拔而来的，他们的管理能力和意愿存在欠缺，尤其是对于薪资这种极为敏感的事情，很多人不愿管，有些人甚至直接甩锅，将责任推到人力资源部的头上。

因此，这门课程要面向对员工有定薪、调薪权的管理者（A），要达成的结果（R）如下：建立正确的薪酬理念，让管理者意识到薪酬管理不仅是人力资源部的事情，更是每一位管理者的职责所在，同时加深管理者对公司薪酬政策的理解，并使其掌握薪酬管理的核心方法。

因此，在内容设计之前，我们要从两个维度（发起者、主办者/学员上级）来了解清楚三个问题（BAR），从而确保直播目标明确且相关方意见一致。

3.2.2 梳理场景

明确直播目标之后，我们还要进一步梳理学员的工作任务，让课程更贴近学员的实际应用场景。在这个环节中，经常会出现的问题是：讲师习惯性地站在内容角度去思考怎样梳理框架。笔者见过大量的讲师在准备直播内容时第一件事就是打开电脑，翻阅以前的相关资料，或是根据直播主题到网上去搜索相关素材，边看内容边梳理逻辑框架。这种做法会导致我们很容易被这些素材给困住、限制住，反而忽略了学员的应用场景和实际需求。

就像Sandy，她在准备素材时，也是把之前参加过的所有薪酬培训资料都找出来看了一遍，阅读素材时，经常会觉得这部分写得真好，那个模型很漂亮，这个理论我得放到课上……每个部分都觉得有价值不舍得丢弃，最终被各种素材给牢牢禁锢住，产出的课程不但内容繁杂，而且缺少学员视角、业务视角，与学员的实际应用场景相脱节。

因此，建议把那些素材和资料先放在一边，合上电脑，拿出来一张纸，认真站在学员角度去思考以下几点：在这个目标下，学员要做哪些事情，他们具体的工作任务有哪些，每个工作任务下面对应哪些具体场景。总之，讲师务必要确保站位不能站错了，即一定要站在学员的角度去思考和梳理。

具体来说，在这个环节中我们要逐层梳理出学员的关键任务和具体场景，如图 3-5 所示。

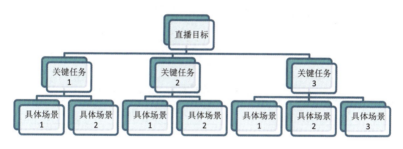

图 3-5　逐层梳理学员的任务和场景

▶ **关键任务**：基于目标和业务价值链分析学员的工作任务，拆解大的任务模块。例如，在"薪酬管理"课程中，中层管理者的关键任务包括掌握薪酬理念、定薪、调薪、奖金激励和薪酬沟通等部分。

▶ **具体场景**：把每个任务模块进一步细分为具体的工作场景。例如，"定薪"这项关键任务下面包含了两大场景，即新员工入职时的定薪和老员工调岗时的定薪；"调薪"这项任务下面也包含两大场景，即每半年一次的绩效调薪和员工晋升时的晋升调薪。

表 3-2 是 Sandy 梳理出来的管理者在薪酬管理方面的关键任务和具体场景，从中能够看出，这是一个由粗到细，逐渐细化的过程。

表 3-2　案例：薪酬管理的关键任务和具体场景梳理表
直播目标：共识理念、理解政策、掌握方法

关键任务	具体场景
理念	公司五大薪酬理念
定薪	员工招聘时的入职定薪
	员工转岗时的调岗定薪
调薪	每个绩效周期的绩效调薪
	员工晋升时的晋升调薪
奖金	核心人才的长期激励
	每个绩效周期的奖金激励
	特殊项目的特殊奖金
沟通	与薪酬有关的日常沟通
	薪酬调整时的调整沟通

任务和场景如何进行拆解？从哪些维度拆解更合适呢？我们仍然先通过一个例子来看。以"沟通"课程为例，如果要拆解沟通环节当中有哪些关键任务和场景的话，可以梳理为以下几种方式。

▶ **方式一**：沟通前的准备、沟通中的把控、沟通后的跟进。

▶ **方式二**：如何听、如何问、如何说。

▶ **方式三**：如何与不同性格类型的人沟通，如老虎型的沟通对象、考拉型的沟通对象、孔雀型的沟通对象、猫头鹰型的沟通对象、变色龙型的沟通对象。

▶ **方式四**：电话、邮件、企业微信（或企业内部的沟通软件）、面对面沟通等。

以上这四种方式都是沟通主题下的关键任务，但是拆解的维度有所不同。通常来说，无论是拆解任务，还是拆解场景，均有四种常见的拆解维度，我们可以用四个 W 来概括：When、What、Where、Who，简称 4W 拆解法，如图 3-6 所示。

图 3-6　4W 拆解法

▶ When：即按时间维度对工作流程、任务流程进行梳理、拆解，这也是日常开发直播课件时最常用的方式。例如，"项目管理"这个主题可以分为识别需求阶段、提出方案阶段、项目执行阶段、结束收尾阶段等。

在按时间维度进行拆解时，讲师要思考的核心问题是：这个主题下，学员要先做哪些事，后做哪些事？背后的工作流程是什么？然后将其罗列出来。

▶ What：即基于在这个主题下的主要任务、工作事项进行拆分。例如，Sandy 的"薪酬"课程就是按此维度来拆解的，分为定薪、调薪、奖金、沟通四项关键任务。

在按任务事项进行拆解时，讲师要思考的核心问题是：这个主题下，学员具体要做哪些事情？他们的核心任务有哪些？并将其梳理出来。

▶ **Who：** 即基于这项工作面向的不同人群、对象进行拆解。例如，某医疗器械公司的销售类课程中，按销售人员日常要拜访的客户类型进行区分，可以分为科室医生、检验科医生、设备科医生等。在拜访这些不同客户群体时，销售人员面临的具体场景和问题也各有不同。

在按对象人群进行拆解时，讲师要思考的核心问题是：这个主题下，学员要与哪些人打交道？学员的工作主要面向哪些人群？并把主要群体进行归纳、提炼。

▶ **Where：** 即基于这项工作发生的不同地点、途径进行拆解。例如，笔者曾帮助一家大型种业集团开发销售类直播课程，他们的销售人员日常工作任务可以划分为三类：门店销售、现场会销售、经销商大会销售。这就是一个典型的按照不同地点、渠道来拆解的场景。

在按不同地点途径进行拆解时，讲师要思考的核心问题是：这个主题下，学员要在哪些地方工作？或者学员达成任务的途径、渠道有哪些？并对这些途径、渠道进行整理、归类。

大多数直播主题用 4W 这四种方式均可拆解出学员的工作任务和具体场景。那么，在不同的主题下，上述四种拆解方式选择哪种更为合适呢？

拆解的目的是为了让直播内容更贴近学员的日常工作场景。因此，当拆解出的任务越接近学员的实际应用，学员在学习过程中越容易有代入感，学完之后越容易实现内容落地，那这种方式就是最合适的。

仍以沟通课程为例。如果学员经常面临的是高难度的、有挑战的沟通，那么按照沟通流程拆解为前期准备、中期把控、后期跟进会更加落地；但如果学员面临更多的是日常工作沟通，那么不妨按照沟通渠道拆解为电话、邮件、企业微信等关键任务，学员应用起来会更容易。

在拆解时还要格外注意，无论是拆解任务，还是拆解场景，都要由粗到细，确保全面无遗漏，而且在这个环节中要尽量做到先罗列不判断。

1. 全面无遗漏

拆解时，要先从较粗的维度找到关键任务，接下来再思考每项关键任务下学员的具体应用场景。例如，"定薪"这项任务，一般来说，管理者会在什么时候给员工定薪？这时我们可以细分为招聘时给候选人的入职定薪场景，以及员工调岗后要进行的调岗定薪场景。

每次拆解时，我们都要不断问自己：还有吗？例如，在拆解关键任务环节当中，除定薪、调薪、奖金、沟通之外，管理者还有其他要做的与薪酬管理有关的事情吗？如果确定没有了，再从关键任务往下拆解具体场景，这个过程中同样要问自己：这个任务下面就这几个场景吗？还有其他场景吗？从而确保每个环节都是全面的，不会遗失重点信息。

2. 先罗列不判断

梳理场景环节时经常出现的另一个问题是：边罗列边判断，即一边去想学员的场景有哪些,一边在脑子里琢磨这个问题是否重要,这个问题能否解决,这个问题可以放在直播内容的哪个环节等。这样带来的后果是:当大脑同时处理多个信息时,经常会顾此失彼,由此导致要么问题罗列不全面,要么判断不准确。而且这时的判断更多是基于经验和直觉,不一定客观。所以建议首先用可视化的方式将问题逐一罗列出来,确保无遗漏,下一步再进入判断筛选的阶段。

3.2.3 锚定重点

关键任务和具体场景梳理清楚之后,内容会相对较多。直播与线下课程在内容上有一个非常大的区别就是:要"瘦身"!在线学习时,学员的注意力持续时间会变短,且一直盯着屏幕会让人的视觉和身体疲劳程度变深,因此,直播时长要比线下有所缩短,直播内容也要更加聚焦精练、重点突出。

因此,接下来我们要进入第三个步骤:锚定重点,即讲师要进一步分析上述场景和痛点,分清哪些是本次直播要解决的重点问题。

一般来说,锚定重点时需要关注以下三个维度。

▶ **普遍性**:哪些是学员的普遍问题,即哪些是大家在实际工作中经常遇到的、经常出错的、投诉频率更高的问题等。例如,入职定薪出现问题的频率会远远高于调岗定薪,基本每周,甚至每天都有管理者在面临招聘及给候选人定薪的情况,而调岗这种事情,一年也不过遇到几例。

▶ **重要性**:哪些问题一旦出现就会导致比较严重的后果。如奖金激励方面,每年发完绩效奖金后,都会有人因对奖金分配不满而提出离职,这种问题就要优先解决。

▶ **可行性**:讲师需要思考和判断这些问题是否能解决,是否可以通过培训来解决,是否适合用直播的方式来解决。

仍然来看 Sandy 的做法。她根据学员的应用场景问题列出了下列表格。纵轴为拆解的学员十大应用场景,横轴为重点问题的三大衡量标准,基于每个标准,对十大场景进行纵向对比。分析之后,Sandy 决定,本次直播课程重点要解决薪酬理念、入职定薪、绩效调薪和奖金激励这四个问题,如表 3-3 所示。

表 3-3 案例:从三个维度筛选重点问题

具体场景	普遍性	重要性	可行性	直播重点
薪酬理念	★	★	★	★★★
入职定薪	★	★	★	★★★
调岗定薪				
绩效调薪	★	★	★	★★★
晋升调薪		★		
长期激励				
奖金激励	★	★	★	★★★
特殊奖金				
日常沟通	★	★		
调薪沟通	★	★		

使用这个表格有两大好处:一个是信息非常清晰,一目了然;另一个是让判断更有依据,更加客观。

在使用表格进行判断时,一定要注意进行纵向对比评估,避免横向分析。纵向对比是指基于同一个标准维度纵向比较哪个是最重要的。以表 3-3 为例，我们要先看哪些问题的普遍性程度最高，这时讲师要对这十大场景进行纵向对比。例如，在日常工作中出现频率最高的场景包括：招聘时给候选人入职定薪、绩效周期内根据员工绩效情况为其调薪、发放奖金，以及进行相应的沟通。那我们就可以把这四项普遍性最高的问题标识出来。然后，再看重要性这个衡量标准，仍然是纵向对比，这十大场景下，哪些场景一旦出现问题会造成更严重的影响和后果……这样做的好处是，通过对比能够让结论更有依据和说服力。

上述表格在使用中，经常出现的问题是横向分析，也就是一行一行地看。例如，先去看薪酬理念方面，它的普遍性程度如何、重要性程度高不高、直播的可行性强不强，然后再去看下一行入职定薪方面的普遍性、重要性和可行性。我们应避免进行横向分析，因为这样的判断是模糊的、不够客观的。

再比如，如果在一个班级里面，学生 A，身高 165 厘米，体重 105 斤，学生 B，身高 160 厘米，体重 98 斤，需要评估他们的身高、体重在班级处于什么状况。如果单看每个人，根据经验，我们会觉得 A 差不多是中等水平，B 好像也差不多是中等水平，但是这样的判断非常主观。我们应该把班里所有学生的身高、体重列出来，并且逐一进行对比。先看身高，在知道全班所有人的身高之后，就可以很清晰地判断出 165 厘米和 160 厘米在所有学生中分别处于什么水平。接下来再看体重，将所有人的体重进行对比得出结论，以此类推。这时的判断则是有依据的，是相对客观的。

所以，对比是我们在锚定重点时的关键，基于每个场景，我们很难说它是否重要,但是当一堆场景罗列出来,标准也出来之后,我们就可以基于每个标准,在同一维度下通过对比区分哪个是重点,哪个是非重点。每一个标准下纵向评估之后,我们再综合来看哪些场景和问题获得的星级最高,那么这些问题就是这次直播要解决的重点问题。

那么,被筛选掉的问题是不是就不需要考虑了呢?当然不是。在锚定重点环节,我们既要通过纵向对比快速找到直播重点,又要看清全局思考整体解决方案。因为,直播只是解决问题的方式之一,被筛选掉的其他问题仍然客观存在。在我们看全任务、找准痛点之后,还可以基于这些被筛选掉的问题去制订一系列的综合性解决方案,包括设计一系列的线上线下混合式学习项目。

例如,"薪酬管理"课程中,薪酬沟通、调岗定薪、晋升调薪这些问题都被筛选掉了,不作为本次直播课的重点。薪酬沟通被筛选掉的原因,一方面是它的时效性非常强,特别适合放在下列时间段进行:在定完奖金和调薪方案之后,在与员工沟通之前,这时的培训会更应景,也更符合管理者的需求。另一方面,它比较适合线下培训,通过进行大量的演练,再配以相关话术和模板,问题的解决程度会更高,所以 Sandy 打算在绩效沟通之前再给管理者进行一次薪酬沟通的线下培训。对于调岗定薪、晋升调薪这些场景由于发生的频次不是很高,而且问题相对比较集中,所以她打算将相关政策及常见问题做成薪酬管理工具包,放在系统上供管理者查询、阅读。最终 Sandy 确定了"直播 + 线下培训 + 薪酬工具包"的一系列解决方案,而这种方式也是培训该有的样子——培训不只是一个课程,更是一系列帮助学员行为落地,帮助业务人员解决问题的综合性解决方案。

3.2.4 明确痛点

在明确哪些场景是本次直播要解决的重点问题之后,我们还要继续分析在重点场景下学员经常出现的问题有哪些,具体表现是什么,并把重点场景下学员的痛点、问题和需求逐一梳理出来。

以"入职定薪"为例,Sandy 把管理者经常出现的问题进行了罗列,如表 3-4 所示。

表 3-4 案例:薪酬管理课痛点问题罗列

关键任务	具体场景	痛点问题
定薪	入职定薪	考虑不全:在急于招人时,往往只根据候选人过往薪资来给他定薪,忽视对内部公平性和部门预算等全方位的思考
		不敢争取:面对优秀人才的高薪要求,不知道如何争取,不敢争取
		胡乱许诺:擅自做主,许诺职位、薪水,事后无法兑现,或新老员工薪资倒挂严重,内部摆不平
		缺少规划:只考虑当下急招的岗位人员尽快到岗,缺少对人才的盘点与规划,从而在招聘定薪时陷入被动

罗列痛点环节时要注意的事项是:行为描述要具体,尽量避免过于宽泛、笼统的问题。

来看下面这个例子，对比以下两种描述方式。

一种描述是：考虑不全、规划不周、缺乏长期规划。

一种描述是：在急于招人时，往往只根据候选人过往薪资来给他定薪，忽视对内部公平性和部门预算等全方位的思考。

这两种描述有什么不同？对后面的课程内容会产生怎样的影响？

第一种描述是一种笼统的主观判断，这些问题都很大，背后的原因千差万别、非常复杂，在分析痛点问题时，如果仅停留在这个层面，会导致无从下手，很难找到对应的课程内容和解决方案。而第二种描述是具体的行为表现，这些问题更加聚焦，原因更为明确，对应的解决方案也会更容易找到。

因此在分析学员具体场景下的痛点时，我们要不断思考以下几个问题。

▶ 问题能再具体一些吗？

▶ 学员在实际工作中表现出的具体行为是什么？

▶ 为什么会有这些行为，其背后的原因是什么？

当把这些事情想清楚之后，再去找寻相关素材，萃取最佳实践，设计解决方案和课程内容，开发出来的课程才更能够对症下药，更能够抓住学员的注意力。

3.2.5 小结

内容聚焦能够帮助我们真正站在学员的角度和立场，思考学员的场景和问题，在让直播内容更加聚焦的同时，让内容更好地为直播目标服务。内容聚焦是一个层层递进的过程：先与发起者和管理者共识目标，再基于目标去分析学员的关键任务，然后基于关键任务拆解具体场景，再基于场景和判断标准找准直播重点，最后基于重点场景进一步明确学员的痛点问题即由粗到细，逐步聚焦。

在实际操作过程中，我们具体要完成的任务如图3-7所示。

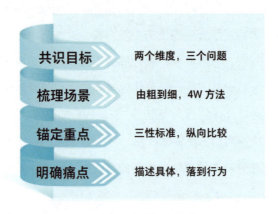

图3-7　内容聚焦的四项任务

▶ **共识目标**：从发起者和管理者两个维度，询问背景、听众和结果三个问题（BAR）。

▶ **梳理场景**：由粗到细，从四个W的维度梳理关键任务和具体场景。

▶ **锚定重点**：将所有场景按照普遍性、重要性、可行性三个标准进行纵向比较筛选。

▶ **明确痛点**：将重点场景下的学员痛点和行为表现进行具体罗列和梳理。

也许有人会问：以往直接凭经验进行判断得出的结论可能和上述分析结果也差不多，有必要搞得这么复杂吗？

如果你对这个直播主题要讲什么、学员关心什么已经非常明确、清晰、笃定，那么直接按照经验来梳理直播内容的确更快捷高效。但实际直播时我们经常会见到学员在聊天框里写道："老师，这部分能不能快点讲？这部分内容工作中用不到""老师，能不能讲一下×××内容？"……由于学员在各自网络的一端，他们表达意见非常真实犀利。学员的这些反应恰恰说明，经验是把"双刃剑"，很多时候讲师会被自己的经验所限制住，习惯性地站在自己的视角考虑问题，而缺少学员的视角与站位。因此，如果担心内容与学员的关联性不强，打不准他们的痛点和需求时，或是脑子里千头万绪，很难厘清思路时，内容聚焦场景这个环节就可以帮助到我们。

同时，我们还应注意下面提到的几点注意事项。

▶ **业务视角**：要始终站在业务视角、学员视角去分析任务、明确场景、找准痛点，而不是站在内容视角去考虑要讲什么。直播内容一定要为学员工作场景和痛点问题服务，当内容离学员的实际场景越近，与学员的痛点贴合越紧，学员的兴趣才能越浓，注意力才能更加集中，才更愿意花更多时间停留在屏幕前。那些东拼西凑、照搬理论，让学员对照理论自己去思考落地、应用的直播课，只会被学员毫不留情地退出、换台。

▶ **分层思考**：当我们面对一个直播课题时，脑子里经常会涌出非常多的想法和线索，感到千头万绪难以梳理，而且经常会陷入纠结：到底讲什么、不讲什么，先讲什么、后讲什么，脑子里面往往一团乱麻。但是假如我们把这些问题分层思考：先站在发起者、管理者角度去想清目标，再站在学员角度去思考他们的应用场景和关键任务，最后基于标准去筛选重点和细化痛点，这样思路就会清晰很多，决策过程也会更加高效。

▶ **判断准确：** 如果凭经验去思考，判断哪些要讲、哪些不讲，这些经验有可能是片面零散、没有经过深思熟虑的，但是如果先看全再看准，从发起者、管理者和学员角度把问题看全，再基于客观标准通过对比方式做出判断，就会让我们在确定重点场景时更加有依据可寻，而且这个评价、判断的过程也会推动我们把直播主题思考得更加深入。

3.3 内容规划

内容聚焦，让我们把模糊的直播课程变成清晰的学员场景，并对课程要解决的学员问题和痛点进行了定位。接下来我们需要规划整个直播的内容，这个环节既包括对课程整体的框架规划，也包括每个模块的局部细化，如图 3-8 所示。

图 3-8 三大步骤之第二步：内容规划

3.3.1 整体规划

在上一步骤中,我们明确了课程要针对学员的哪些重点场景,解决场景下的哪些痛点问题。到了这个步骤,我们就需要围绕痛点问题梳理内容模块,并确定课程名称、逻辑框架,以及课程每个关键节点的评估方式和每部分的直播时长。

仍以薪酬管理课程为例。Sandy 根据筛选的重点场景,将整个课程内容进行了梳理,如表 3-5 所示。

表 3-5 案例:薪酬管理课程梳理
课程标题:管好薪 定军心

章节	痛点问题	内容模块	评估方式	时长/分钟
薪酬理念	认为薪酬管理是 HR 的事,自己只要管好业务就行;认为薪酬管理就只是钱的事,忽略其他因素;不清楚哪些关键场景应该关注薪酬的管理与沟通	为什么管 管什么 怎么管 谁来管	案例讨论	20
入职定薪	考虑不全,忽视对内部公平性和部门预算等全方位的思考;面对优秀人才的高薪要求,不知道如何争取,不敢争取或嫌麻烦不去争取;擅自做主乱许诺,内部摆不平;缺少对人才的盘点与规划	薪酬结构 付薪原则 思考维度 常见问题	给定案例场景,思考应对方式并填写入职定薪表	45

续表

章节	痛点问题	内容模块	评估方式	时长/分钟
绩效调薪	担心薪资涨幅不同会让员工相互比较，心生不满，于是"撒胡椒面""做大锅饭"；不确定调薪要向哪些人倾斜，具体到每个人要考虑哪些因素；被动执行调薪政策，没有通盘考虑各种资源与激励方法，没有意识到要与HR沟通合作	调薪类型 调薪步骤 考量因素 常见问题	使用工具制订下属调薪策略	45
奖金激励	对奖金政策的解读有误；在激励效果不佳时，认为是公司或HR的责任；激励手段运用不合理，员工陷入"不求无功，但求无过"的状态	奖金类型 奖金理念 奖金规则 常见问题	案例讨论	40

这个环节需要进行以下四个方面的工作。

▶ 设计课程标题，使其更加吸睛。

▶ 梳理课程结构，让内容框架更贴近学员。

▶ 明确内容模块，针对痛点问题提供解决方案。

▶ 设计评估方式，明确每个章节的目标及检核方式。

接下来，笔者对每个方面的任务和做法进行逐一介绍。

1. 设计课程标题

直播标题是吸引学员注意力的第一步，也是学员对课程的第一印象，它影响到学员是否愿意报名、愿意上线、愿意来观看直播，因此直播标题要具有很强的吸睛度，能够抓取学员的眼球。这就像在生活中，日常拍照很多人都会用美颜功能让自己变得更加赏心悦目一样，直播标题也需要进行美颜、包装，以便能够引发学员进一步了解课程的兴趣。

笔者曾经与一家互联网公司合作，为其开发一系列面向在校大学生的职业素养直播课程。这些课程最初都是一些相对比较宽泛的方向，后来经过内训师的修改优化，课程名称发生了很大变化。笔者挑选了其中部分标题，请大家来对比一下其前后的变化，如表3-6所示。

表3-6 案例：前后标题对比

原定课程标题	优化后的课程标题
向上沟通	努力做个好员工，不如搞明白老板是怎么想的——向上沟通
避免拖延	工作中憋大招，小心把自己憋死——避免拖延
探寻职业方向	爸妈劝我回家考公务员，该走该留？——探寻职业方向
简历准备	我就是我，不一样的烟火——打造职场个人专属简历
应对干扰	你会 Say No 吗？——学会拒绝，应对干扰
用故事表达	故事，你讲对了吗？——用故事表达
演讲呈现技巧	被拒绝101次后，我学会了演讲——演讲呈现技巧
职业兴趣探寻	面试问兴趣，答看片、听歌必死无疑——职业兴趣探寻

与左边的标题相比，修改后的课程标题更贴近在校大学生的需求和痛点，更能够引发学员想一探究竟的好奇心与兴趣。

在优化直播课程名称时，常见方法有以下四种，如图3-9所示。

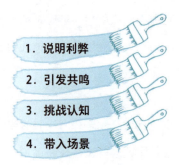

图3-9 优化课程名称的四种方式

（1）说明利弊。例如，向上沟通中的标题"努力做个好员工，不如搞明白老板是怎么想的"，让学员认识到向上沟通的重要性；再如，避免拖延课程的改后标题，先说出工作中的常见表现"憋大招"，再说出拖延的后果"小心把自己憋死"，让学员感同身受。

用这种直击利弊的方式设计标题，可以试着问自己三个问题：学会这门课程有什么好处？如果做不好有什么后果？如何用一句话说出这个好处或放大这个后果？将课程利弊用一句话提炼出来，往往会引起学员的浓厚兴趣。

（2）引发共鸣。例如，探寻职业方向中的"爸妈劝我回家考公务员,该走该留？"，这个问题是很多大学生普遍面临的共性问题，非常能够引发大家的共鸣；再如，简历准备这门课程的"我就是我，不一样的烟火"，也是学生们内心的真实感受，说出来大家的心里话，让听众觉得贴近自己。用引发共鸣的方式设计标题，要求讲师真的要懂学员，知道大家在这个主题下面经常聊些什么相关话题，有哪些共同语言。

此外，讲师还可以去微信、抖音、B站等平台搜一下相关主题，那里有很多接地气的、网络热门的标题可供参考。

（3）挑战认知。例如，应对干扰中的"你会 Say No"吗？、用故事表达中的"故事，你讲对了吗？"等，都是在引发大家的好奇心，想进一步探寻我们该怎么做。用引发好奇的方式设计标题时，最常用的方式是挑战学员的认知和经验，也许某件事情大家都觉得不难，但仔细一想，大家真的会做吗？真的能够做好吗？挑战固有认知能够让学员的好奇心被激发出来。

（4）带入场景。例如，"被拒绝101次后，我学会了演讲"和"面试问兴趣，答看片、听歌必死无疑"，这两类标题虽然本质上也是在说明利弊，但是它很好地给听众建立了一种场景感，让听众的脑海中能出现一幅画面，而这种视觉化、场景化的呈现方式对听众的吸引力会大大增强。用这种方式设计标题时，需要讲师先去思考这个主题下的最典型场景有哪些，然后进一步把这个场景用几个字描述出来。

在对直播内容进行整体规划时，我们要尽可能从标题环节就开始拉动学员的注意力。但这里需要避免言过其实，文不对题，那样会沦为标题党，导致学员听课时有一种上当受骗的感觉。因此，标题要为内容服务，要与内容相匹配，应凸显并放大内容的亮点并进行适度包装，抓住听众的眼球，使其产生想要听课的冲动。

2．梳理课程结构

对内容整体规划时，要梳理整个直播的课程结构，让逻辑框架合理顺畅，并贴合学员的应用场景。在搭建直播内容框架时，最常出现的问题是课程结构是基于内容的逻辑，还是基于学员的逻辑。

举个例子,这是一家企业开发的"跨部门沟通"直播课程,来看看这两个沟通课程的结构有什么不同,如表3-7所示。

表3-7 案例:两个沟通直播课的课程大纲

版 本 一	版 本 二
1. 沟通的定义与本质 2. 沟通的目的与意义 3. 沟通的两大要素:口头语言、肢体语言 4. 沟通的三个行为:说、听、问	1. 做好沟通准备 2. 把控沟通节奏 3. 避免沟通翻车 ▶ 没有回应怎么办? ▶ 对方拒绝怎么缓? ▶ 互相推责怎么解? ▶ 对方拖延怎么催?

从内容上来看,版本一非常全面翔实,但是它离学员的应用场景太远,学员学完之后需要自己结合工作进行融会贯通、场景转换。版本二与跨部门沟通的实际场景更加贴近,学员拿来就能用,更加适合直播模式。

搭建课程结构时,很多人喜欢讲这个主题的定义、意义、历史起源、学术流派等,它更像是搭建一个知识体系,是对这个主题的系统性研究,很适合有志从事此项研究的人或是大学相关专业的学生用一个学期或几个学期去进行深入探究。

而直播要求的是短、准、快,短,即课时短,准,即打准学员的痛点和需求,快,即快速解决问题,并且内容方案能落地。因此,基于学员的逻辑,基于学员的关键场景或任务来梳理逻辑框架,在较短的时间内提供有针对性的解决方案,让学员学完就能用,这才是对直播内容的核心要求。在框架设计上,越任务导向,越贴近实际,越能够吸引学员的注意力。

3.明确内容模块

很多讲师在开发直播课程内容时,会到处找资料,东拼西凑。猛地一看有很多理论、很多模型,好像很充实的样子,但实用性、落地性却不一定很好。在内容设计上,讲师应格外关注两件事:一是内容与学员痛点的匹配性,二是学员问题解决的有效性。

▶ **内容的匹配性**:讲师要思考的是,一方面,之前筛选出的学员应用场景中的痛点、难点是否都有相应内容支撑,有没有被忽视或遗漏之处;另一方面,有没有无关的内容掺杂在里面,导致重点内容被冲淡。

▶ **内容的有效性**:讲师要站在学员角度思考这些内容能否落地,一方面,课程提供的方法本身是否接地气,能否解决问题;另一方面,学员是否学得会,能上手。

在直播课程内容方面,根据痛点提供解决方案,方法越落地、越贴近学员,学员的参与度也就越高。

4.设计评估方式

评估是指用来检核学员的痛点问题是否得到解决以及解决到什么程度。为什么要在直播的内容规划中设计评估方式呢?对于直播来说,评估是明确直播目标,并检核目标是否达成的一种方式。在直播的每个章节,讲师都要想清楚每部分要解决什么问题,解决到什么程度,以及如何评估这些问题是否已解决、学员是否已掌握。这样授课时讲师才能够心中有数,学员也不会觉得内容和实际场景

"两张皮"。

同时，评估还可以让直播效果更加可控。因为在线下面对面教学的情况下，讲师观察学员的表情、动作就能够知道学员的学习状态，学员如果有疑问也可以当面提出。但直播时隔屏如隔山，讲师很难知道学员对知识的掌握情况，学员的耐性又很差，他们一旦没有理解或没有跟上内容，很容易就不听了，流失了。因此通过评估，可以让讲师及时知道学员的状态，及时知道学员的掌握情况，及时调整自己的讲课进度、方式和节奏，从而让自己与学员保持同频的状态。

评估除对讲师达成直播目标有帮助之外，也更能够提升学员的参与感和成就感。在直播过程中，学员需要随时获得满足感，让他们随时知道自己学会并掌握了一些新的内容，或是克服了一个又一个新的困难。就像打游戏的过程，游戏之所以能吸引那么多的用户，就是因为每通过一关，用户就会获得一种成就感。直播课程的评估类似于游戏中的升级打怪和通关环节，让学员乐于攻克一关又一关，解决一个又一个的问题，通过解决问题的过程，让学员获得心理的愉悦感。

那么，什么时候进行评估比较合适呢？答案是至少要为每个章节设计评估方式。线下培训时，很多讲师喜欢在课程最后留一些问答环节，集中解答学员问题。但直播时这种方式是有风险的，处理不好的话，课程结束前的答疑环节会成为学员下线率最高的环节，因为一方面我们很难保证学员提的每个问题都具有代表性，都是大家普遍关心的问题，这会导致其他人因为缺少兴趣而缺乏耐心；另一方面，到了课程结束时，大家觉得干货已经学到了，主要内容已经听完了，于是直接选择下线，由此导致直播虎头蛇尾，缺少了结尾时应有的收获感和仪式感（直播结尾应该做哪些事情，详见本书第 5 章）。

因此，设计评估方式时要基于直播的每个章节去思考这个章节能否评估，以及如何进行评估，要将评估贯穿于直播的每个章节，甚至每个内容模块，让学员始终有参与感，让讲师随时知道学员的学习状态。

在设计评估方式时需要注意，讲师要尽量设计场景化的评估，回到学员的应用场景中进行检核。例如，Sandy 在第一章"定薪"部分的评估环节中给出了一个案例：一位优秀候选人的过往薪资和期望薪资均超出经理审批权限，她将这个场景涉及的一些关键数据和信息进行罗列，请管理者思考这个人要不要去争取、该如何给他定薪、要考虑哪些因素等。这个案例基本还原了管理者在日常定薪时的典型场景，而且也对该章节核心内容进行了综合检验。可见，基于场景化的评估方式能够让课程形成闭环，即"从场景中来，到场景中去"。

评估设计的基本要求是：基于关键场景中的痛点问题设计课程内容，基于课程内容设计评估方式，检核学员学习之后能否真正解决工作中的痛点。

3.3.2 模块细化

整体规划解决了课程分为几个章节，每个章节需要解决什么问题。如果是线下课，课程大纲到了这个颗粒度基本就差不多了，但是直播课的学员要求更加苛刻。线下，讲师可以随意发挥，可以进行大段的独白,可以在讲课的过程中有感而发说一些与主题无关的内容。但直播时,如果内容拖沓、缺少变化,或脱离学员的实际场景,都有可能会引发学员下线。直播时永远不要忘记:学员手里始终拿着一个"遥控器",每隔几分钟他们就会产生"换台"的欲望。

那么,学员听直播课的注意力能够持续多久呢?多长时间他们就会想要换台呢?笔者曾进行过调研,大多数人对在线学习的耐性只有5~8分钟,也就是每5~8分钟他头脑中就会升起一次"换台"的念头,这意味着每5~8分钟如果讲师抓不住学员的注意力,他可能就被其他诱惑给吸引走了。

因此我们需要在内容规划环节对内容模块进行细分,将其切分为一个又一个的5~8分钟,并将每个内容模块进行精心打磨与设计,让每个5~8分钟所讲的内容都能既有用,又有趣,同时还能让不同的5~8分钟的内容具有变化性、多样性,以此让学员不断产生新鲜感,始终保持兴趣。

仍然以定薪章节为例。Sandy将整个章节45分钟的内容做了如下切分,如表3-8所示。

这个环节需要注意以下两个方面。

▶ **细分内容**:将每个章节切分成一个个的小要点、小模块,确保每5~8分钟有不同干货给到学员。一般来说,大多数内容把颗粒度细化到5~8分钟是比较合适的,但当有些环节会有案例分析或线上分组讨论等情况时,时间可以适度拉长一些。

▶ **联结场景**:每个模块内容都要与学员的痛点问题相对应,让直播无论是在总体架构还是在细节呈现上都始终保持学员视角,与学员的实际应用场景和问题紧密关联。

第3章 / 内容设计

表 3-8 案例：薪酬管理课程模块细分

章节	痛点	内容模块 （5～8分钟）	具体内容	直播时长 /分钟	章节时长 /分钟	章节评估
理念篇	……	……	……	……	……	……
定薪篇	考虑不全，忽视对内部公平性和部门预算等全方位的思考	薪酬结构	▶ 定薪审批表里的专业术语解释 ▶ 员工的薪资构成	5	45	给定案例场景，填写入职定薪表
		付薪原则	招聘付薪时要考虑的关键因素	5		
	对优秀人才的高薪要求，不知道如何争取或嫌麻烦不争取	思考维度	▶ 合理的薪酬范围区间 ▶ 候选人薪资超出薪酬范围时的处理方式	8		
	擅自做主乱许诺，内部摆不平；缺少对人才的盘点与规划	常见问题	乱承诺的后果及口径话术 薪资吸引力不足，招不来人的应对策略 新人薪资过高，导致新老员工薪酬倒挂的应对策略	5 7 7		
	章节评估	练习	给定案例场景，填写入职定薪表	8		
调薪篇	……	……	……	……	……	……
奖金篇	……	……	……	……	……	……

通过模块细化，我们要每 5 ~ 8 分钟与学员的实际应用场景建立一次联结，要有不同的干货内容给到学员，通过对每个模块进行精心设计，确保给到学员"不换台"的理由。

3.3.3 小结

针对直播内容规划部分，既要进行整体规划，又要进行模块细化，如表3-9所示。

表3-9 直播内容规划小结

整体规划	▶ 标题优化：既要生动吸睛，又不言过其实 ▶ 搭建结构：学员逻辑，而非内容逻辑 ▶ 填充内容：提供解决方案，而非内容拼凑 ▶ 设计评估：关注过程评估，而非最后的 Q&A
模块细化	▶ 细分内容：颗粒度切分到 5 ~ 8 分钟 ▶ 联结场景：每个模块都要贴场景、抓痛点

通过内容规划，我们可以做到心中有数，心中既有全景又有细节，有全景，我们就能很清楚整门课程要实现什么目标，解决哪些问题，分为哪些模块，让模块与模块之间衔接顺畅；有细节，就能让我们明确每 5 ~ 8 分钟要针对学员的什么问题给到什么干货，让课程时刻吸引学员的注意力。

3.4 内容落地

接下来，我们来看三大步骤中的最后一个步骤：内容落地，如

图 3-10 所示。

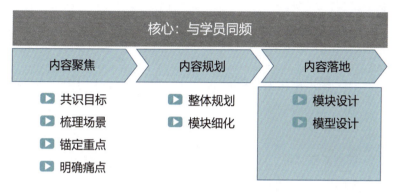

图 3-10 三大步骤之第三步：内容落地

3.4.1 模块设计

内容聚焦和内容规划阶段可以帮助我们把内容想清楚。那么，是不是做到这样，学员就愿意学了？不见得。在实际线上授课时，讲师还会面临很多挑战，诸如：

▶ 你讲了，不代表他听了，因为他有可能在走神、溜号。

▶ 他听了，不代表他懂了，因为内容有可能枯燥抽象。

▶ 他懂了，不代表他思考了，因为他有可能左耳听右耳冒。

▶ 他思考了，不代表他记住了，因为信息也许零散繁杂。

▶ 他记住了，也不代表他在工作中会去应用、实践，因为他可能不会举一反三。

……

因此，我们还要对细分出的每个 5～8 分钟模块进行有效的设计,让学员能够注意听、听得懂、有思考、记得住、会应用,让直播课堂的教学过程不仅是讲师教授的过程,更是学员主动学习的过程,实现从教到学,从学到会,从会到用的转变,如图3-11所示。

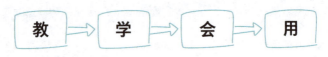

图3-11　内容设计的目标

如何能够实现上述目标?在实际直播时,讲师又会出现哪些常见问题呢?

我们先来看一个实际案例。一家手机公司的讲师要在直播课上给新员工讲解安卓手机相机方面的相关知识,他的课程目录设计如下。

▶ Android Camera 的常见参数与名词解释

▶ Android Camera 的基本构架

▶ Android Camera 应用的编写方法

▶ 实际案例解析

在每个模块里面,讲师的课件基本像下面这样,把概念和大段文字直接放在PPT上,然后讲师在屏幕前进行简单讲解。

色温,简而言之,就是定量地以开尔文温度(K)来表示色彩。英国著名物理学家开尔文认为,假定某一黑体物质能够将落在其上的所有热量吸收,而没有损失,同时又能够将热量生成的能量全部以"光"的形式释放出来的话,它便会因受到热力的高低而变成不同的颜色。例如,当黑体物质受到的热力相当于500℃~550℃时,就会变成暗红色，达到 1050℃ ~ 1150℃时，就会变成黄色，温度继续升高最终会呈现蓝白色。光源的颜色成分与该黑体物质所受的热力温度是相对应的，任何光线的色温是相当于上述黑体物质散发出同样颜色时所受到的"温度"，这个温度就用来表示某种色光的特性以区别于其他，这就是色温。

如果你是参加直播的学员，遇到这样的课程会有何感受？会做出什么反应？

这其实是笔者在直播课中经常遇到的现象。很多讲师，尤其是技术专家，在直播授课时很容易沉浸在自我的世界里，从自身的认知出发，用自己熟悉的语言和内容逻辑去进行课程的讲授，完全不顾及学员处于什么状态，能否听得懂、跟得上。

这些讲师在授课时通常有这些具体表现：先讲理论，把各种知识、概念、原理等干货讲完之后，等到课程快结束时，再拿出来一两个案例讲解一下。在讲解干货时通常会有大段的定义、公式、概念，学员很难理解。讲师还经常为了解释一个概念，而引入更多的名词，用抽象概念解释抽象概念，最后学员脑子里一大堆的术语、名词，既难以理解，又难以消化。

笔者把这种做法叫作"干湿分离"，即干货是干货，案例是案例，先干货后案例。这样做的后果是：干货太干，导致学员听不懂，失去兴趣，甚至直接下线。而到了案例环节，由于前面知识的缺失，学员对案例也很难产生感知，学习效果大打折扣。

陶行知曾有一段演讲，他说："教育就像喂鸡一样，强迫学生去学习，把知识硬灌给他，他是不情愿学的。即使学也是食而不化，过不了多久，他还是会把知识还给先生的。但是如果让他自由地学习，充分发挥他的主观能动性，那效果一定好得多！"

如何在线上教学中发挥学员的主观能动性？我们需要把"干湿分离"的模式调整为"水乳交融"的状态，也就是先要引发学员兴趣，让学员愿意学，之后给出案例场景，让学员建立感性认识，再通过引导、互动，带领学员一起得出结论，只有这样，才能让学员掌握相应理论知识，并在最后推动学员落地应用。

我们以这位讲师讲解的"色温"部分为例，来看看他这段内容调整之后是怎样设计的。下面是该讲师实际直播授课过程的摘录。

大家日常买灯时，商家一般会给出三种颜色来供挑选：暖黄光、暖白光、正白光。而且，这三种光源颜色后面还会标注多少K。下面请大家结合自己的生活经验，用平台注释功能进行连线，看看这三种颜色分别是多少k？

公布答案：暖黄光3000k，暖白光4000k，正白光5700k。

其实，这些几千K就是色温，色温是照明光学中用于定义光源颜色的一个物理量，单位用K表示。

色温背后的原理是什么？我们来看两个视频。视频一：铁片加热后呈现的不同颜色；视频二：燃气灶的红色火苗和蓝色火苗。在视频中可以看到，铁片加热后先是变成红色、黄色，最后会变成蓝白色。同理，家里的燃气灶，开大火燃烧充分时是蓝色光，但是当燃气灶上有脏东西或火开得特别小时其火光是红色的。

所以,大家觉得是暖色的色温高,还是冷色的色温高?为什么?

答案是冷色色温高于暖色色温。如果虚构一个黑色物体,它在被加热到不同温度时会发出不同颜色的光,这个物体也会呈现为不同颜色,随着温度升高就会逐渐形成由红—橙红—黄—黄白—白—蓝白的渐变过程。这个黑色物体加热的温度称之为该光源的颜色温度,简称色温,暖色色温更低,冷色色温更高。

了解了什么是色温之后,回到我们的安卓手机上面。请大家思考:客户用手机拍照后需要进行修图,如果他们拍摄的是美食,想让食物显得更加温暖,色温应该调高还是调低?如果他们拍摄的是蓝天白云,想让颜色显得更加纯净,色温又应该如何调整?

上面是这位讲师实际直播时的讲授过程。这段内容的讲解与之前的名词解释相比,能够更好地激发学员的学习兴趣,调动学员过往的经验,并贴近大家的实际应用场景。他的设计背后遵循的是直播内容设计的"引感思解用"模型,如图3-12所示。

图3-12 "引感思解用"模型

▶ **引**：引发学员兴趣。连接学员的痛点、收益或过往经验，让学员对内容充满兴趣。

▶ **感**：让学员建立感性认识。运用案例、图片等具象化方式，帮学员激活经验，建立感性认识。

▶ **思**：启发学员思考。运用互动、引导等方式，推动学员从感性认识过渡到深入思考。

▶ **解**：让学员理解相关知识。帮助学员形成对事物的深度理解，并帮助学员将繁杂的知识理出清晰主线。

▶ **用**：推动应用实践。联系学员的实际场景给予建议方案或评估学员的掌握情况，推动学员实现从会到用的转变。

结合上面的色温案例，我们来看看内容设计模型要如何应用在直播教学中。

在"引"的环节，讲师先考了考大家，请大家结合买灯时的过往经验进行连线，引发学员的好奇心，并引入"色温"这个概念。在"感"的环节，讲师给到铁片加热和燃气灶的两种火苗，通过图片、案例等方式，既让学员建立感性认识，又让学员觉得这些抽象的内容并不难懂。在"思"的环节，讲师提出问题："大家觉得是暖色的色温高，还是冷色的色温高？为什么？"帮助学员从前面的案例中进行深入思考、提炼相关结论。在"解"的环节，讲师在讲解色温的相关概念前，由于学员脑子里已经有了具体场景，也有了思考和消化的过程，这时再来看这些原理概念，就变得非常容易理解了。在"用"的环节，讲师再次与学员的实际应用场景结合起来，给出手机拍照的场景，让大家来加以应用。

整个授课过程不到8分钟，通过"引感思解用"，让学员感觉到这个内容与自己的工作场景有很强的相关性,课程生动有趣,学员有思考、有参与,而且学完之后还知道这些内容可以用在哪里。

"引感思解用"每一步在使用时都有不同的方式和注意事项,接下来我们逐一进行介绍。

1. 引

大卫·梅尔在《培训学习手册》[①]中提出过一个非常有意思的观点,他说儿童的学习模式是宽口大碗式,他们是开放的,就像一只开着大口的碗,随时准备接受外界所给予的知识;而成年人的学习模式则是窄口花瓶式的,变得机械化、线性化。

因此在讲解每个内容模块时,讲师的首要任务是努力先将这个花瓶的瓶口变大。瓶口越大,学员后面能够学习和收获的内容也就越多。"引"的环节就是把瓶口变大的环节,要将学员对这5~8分钟内容的兴趣和好奇引发起来,因此要明确这段内容在实际工作中可以用在哪里,可以解决什么问题,从而让学员愿意去学,如图3-13所示。

图3-13 引发兴趣与好奇

[①] 梅尔. 培训学习手册[M]. 第2版. 刘安田,张峰,译. 北京:企业管理出版社,2006.

在具体做法上，通常有以下几种方式：明利弊、说心声、考经验、选重点，如图3-14所示。

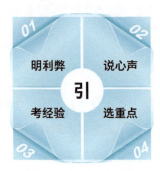

图3-14 "引"的四种做法

（1）明利弊。明利弊是直播中最常见也是最容易的做法。在内容聚焦环节，我们已经分析过学员的痛点和挑战，这些痛点不能只存在于讲师的脑子里，还要让学员感知到。因此在每个学习模块的开篇，最简单的方法就是把问题痛点抛出来，既让学员对内容产生兴趣，又让学员知道接下来要讲的内容是为解决什么问题而服务的。

例如，Sandy在设计如何给候选人定薪时，开场提出了以下几个问题。

大家工作中都遇到过这样的情况：
- 着急用人，面试完了却卡在薪水上。
- 薪水低了招不来，薪水高了导致新老员工薪酬倒挂。
- 到底该给多少钱？要不要给他破例？

这几个问题正是招聘定薪时学员最常出现的痛点。先把大家最头疼的事情拿出来，让学员产生痛感，再进入后面的内容讲解，学员的参与度就会更高。

（2）说心声。讲师可以站在学员的角度，思考他在这个话题下最关心的、思考最多的问题，并把这些问题抛出来，让内容和学员之间实现无缝衔接。

例如，一位快消品行业的讲师给加盟商、便利店店主讲解"库存管理"课程，其中有个内容子模块是讲库房方面的知识。与大型超市相比，便利店面积较小、品类相对较少，所以很多便利店店主不愿浪费空间单独设置库房，觉得没有必要。于是在"引"这一环节，讲师开篇就提出了以下几个问题。

很多店主都会问我：

▶ 如果我的店面只有三五十平方米，需要规划库房吗？

▶ 如果我实在隔不出来太多区域，怎么办？

▶ 库房里放什么样的产品？库房面积多少合适？

这些都是便利店店主平时经常在思考和纠结的问题，主动说出学员的心里话，拉近与学员的距离，让学员感觉到你懂他，这些内容是在帮他解决问题，他自然会愿意往下听。

（3）考经验。直播过程中讲师最担心的是学员觉得这些内容自己都知道，进而产生"这有什么呀？没什么难的！为什么要把我会的东西再给我讲一遍？"等诸如此类的想法。学员一旦有这种感受时，他手里的"遥控器"（鼠标）就会蠢蠢欲动，"换台"的事情将随之发生。因此，如果针对所要讲解的内容学员或多或少有些经验这一问题，不妨在一开始时先考一考他，挑战他的经验，调动他的好奇心，从而引发他的学习兴趣。

举个例子。一名讲师在讲"专利"课程时，在讲到哪些内容可以申请专利时，他上来先请大家在平台上做了一道判断对错题：

请思考下列内容是否可以申请专利。

▶ 相对论可以申请专利吗？

▶ 一种扑克牌的玩法可以申请专利吗？

▶ 一种治疗癌症的方法可以申请专利吗？

▶ 一种提高生产效率的规范可以申请专利吗？

答案是：都不可以。

在这些问题中，前两个问题基本上大家都能根据经验判断出来，但是第三个问题和第四个问题很多人都会答错，于是内心开始期待，想知道为什么不可以，他们很希望听到后面的内容，因为他们希望尽快找到答案。

考经验的方式在直播时用得特别多，因为直播中有大量的平台工具支持选择题、判断题、连线题等题型方式，它既能引发学员的学习兴趣，也能在这个过程中拉动学员参与，让直播的互动性变强。

（4）选重点。选一选的做法与考一考的目的非常相似，都是在讲解内容模块之前，先更多激发学员的主动性，引发学员更多地参与。

例如，在"定薪"环节中，Sandy 要给大家讲解一些薪酬术语，如 TTC、TP、CR 等。讲解之前，她先把管理者日常定薪使用的审批表拿了出来，请大家用"注释"方式在屏幕中标识出来在这个表格的填写过程中，哪些地方容易混淆，哪些地方有困惑，如图 3-15 所示。

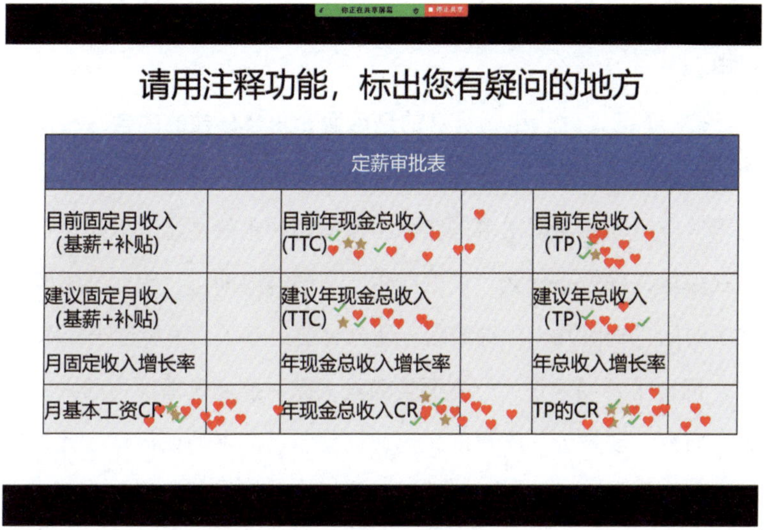

图 3-15 案例：薪酬管理课的引发兴趣环节

这种做法其实是让学员去找到自己的痛点，去激活自己的兴趣。选重点给到学员更多选择权和自主权，让学员感觉他是课堂的主导者，从而让学员学习和参与的积极性大大提高。

这种方式在课程开场或章节开场时用得特别多。例如，章节开篇时，我们可以把这一章有哪些核心内容列在课件上，请学员自己选择对哪些内容更感兴趣，用平台的注释或标记功能直接标示出来，或是将序号写在对话框里等。

需要注意的是，"引"的环节是放在每个 5 ~ 8 分钟课程模块的开始，用来激发大家对这个子模块兴趣的，它与整个课程开场既有相同之处，也有不同之处。

▶ **相同之处**：都要吸引学员的注意力，引发兴趣与好奇，让学员对后面的内容充满期待；"引"的四种做法在课程开场时同样适用。

▶ **不同之处**：引，针对的是后面 5 ~ 8 分钟的内容，激发大家的兴趣，也就是只要让大家知道接下来讲的这些内容是针对学员的哪些应用场景，解决哪些实际工作问题，也就是让大家知道可以用在哪里，好处是什么，使之产生学习的意愿即可，因此不需要花太多时间，一般几十秒钟或者一两分钟便足够了，不用过于花哨。

而对于开场来说，一方面要激发大家对整场直播课程的兴趣，另一方面还要拉近与学员的距离，调动学员的参与积极性，此外还要让学员与学员之间形成交互，因此开场环节做法上的复杂度和要求会更高，花费的时间也相对更长，需要更加精心的设计。本书第 5 章将会对开场环节的具体操作进行详细介绍。

2. 感

在"感"的环节，设计目的是：在讲解理论知识之前，用案例、体验等直观的方式让学员形成感性认识，让学员脑子里出现一个具体的、熟悉的场景，激活其过往经验，从而把这些未知的、抽象的理论变成学员已知的、形象的内容，让学员更容易理解、更容易接受，如图 3-16 所示。

图 3-16 "感"要实现的目的

这个环节通常有以下几种具体做法：知识场景化、概念类比化、数据可视化、技能示范化，如图 3-17 所示。

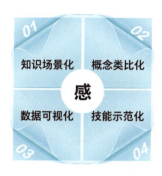

图 3-17　"感"的四种做法

（1）知识场景化。在介绍知识内容之前，先给到学员一个贴近应用或生活中的案例，让学员的脑子里形成一个场景，他会基于这个场景将过往的经验调动出来，这时再让他去理解那些干货知识就会容易很多。

例如，一名财务课讲师在讲解"资产负债表"里的一些专业概念时，她是这么做的：

举例：小猪佩奇买了一栋房子，房子价值 1000 万元，自己有 400 万元，从银行借款 600 万元。（感）

请在对话框中写出：它的资产是多少？负债是多少？所有者权益是多少？（思）

学员回答后，讲师再进行讲解"所有者权益＝资产－负债"等名词与公式。（解）

在这个课程中,讲师通过货款购房的案例,帮学员描述了一个具体的场景,帮学员建立感性认识,并激活其过往的相关经验。同样,在前面"色温"的例子中,讲师也是运用了这种方式,先给到大家铁片加热的视频和家里燃气灶火大与火小的对比,再以此来讲解色温的相关概念和原理。有了这些形象的、贴近学员生活的场景,再来理解那些枯燥的知识就容易得多了。

(2)概念类比化。对于外行来说,很多专业术语过于晦涩抽象,理解起来很困难。这时,如果打个生活中的比方,运用一些类比的方式就能够很好地帮助学员理解。例如:

给纺织行业的员工上课时,经常会听到一个概念"纱支数",它是指每一磅(453.5克)棉花能够拉出来多少根840码(一码等于0.9144米)的纱线。支数越多,纱就越细,棉纤维的质量就越好。

如果这样讲给学员,尤其是给那些初级的、外行的学员来讲,他们很容易就听晕了。但在某次直播课上,笔者见过一位讲师打了这样一个比方:

大家都见过拉拉面吧?揉好的同等重量、大小的面团,如果把它拉成同样长度的面条,拉出来的面条数量越多,每根面条就会越细。衣服上的纱线也是这样。纱支数就是每一磅棉花能够拉出来多少根同样长度的纱线,支数越高,纱线越细,均匀度越好;反之,支数越低,纱线越粗,均匀度越差,如图3-18所示。

图 3-18　用拉面案例作类比

结合着拉拉面再去看"纱支数"这个抽象的术语，学员很容易就能够理解了。

类比本质上是通过两个事物的相似性、相近性，借用学员熟悉的知识去讲解他不熟悉的知识，从而帮助学员理解和记忆新的知识。在医疗行业也存在不少用类比给外行讲专业术语的例子，因为患者和医生之间就是外行和专家的关系，医生在给患者讲解各种病患和治疗方法时经常会用到这样的讲解方式。

例如，在介绍化疗风险时，有位医生是这样跟患者说的：

要治疗，必须把杂草去掉，但目前的化疗只能把草和苗儿一起清除，所以化疗后，肯定有段时间地里既没苗，又没草，青黄不接，病人就什么抵抗力也没有了，要不停地输血、输血小板，非常危险。这个阶段过去后，要是苗先长起来，病就控制住了；要是草先长起来，治疗就失败了。

这种大白话不但通俗易懂,让人一听就能明白,而且还能够帮助听众在脑子里建立田间地头的画面感,让人印象深刻。但在使用类比时,一定要注意选择贴近学员场景的、大多数人生活中都会见到的、有感受的案例。

笔者曾见过有的讲师在直播时喜欢用足球比赛的规则、用相对小众的动漫人物、用他最近在追的某个剧等作为类比来讲解概念,但是如果学员不喜欢看球、不了解这个动漫或没看这部剧时,这样的类比和讲解就是无效的,这相当于仍然是在用一个学员不熟悉的概念去解释另一个不熟悉的概念。

(3)数据可视化。数据也是帮助学员建立感性认识的一种常见方式。数据的客观性、真实性能够很好地提升直播内容的可信度。但由于数据本身仍然偏理性,如果想用数据激活学员的感性认识,在使用时就需要对数据进行渲染,让学员在脑海中形成一种可视化的效果。

例如,苹果 MacBook Air 笔记本电脑上市时,乔布斯介绍它的厚度是 0.16 ~ 0.76 英寸,说它是世界上最薄的笔记本电脑。如果单看这个数据,相信大多数人对这两个数字完全无感,完全体会不到笔记本电脑的薄。

然而,乔布斯对这个数据的演绎堪称典范。他在介绍时是这样说的:

我们去找了世界上所有的超薄笔记本电脑进行对比,大家认为最好的超薄笔记本厚度是 0.8 ~ 1.2 英寸(2 ~ 3 厘米),而 MacBook Air 的厚度只有 0.16 ~ 0.76 英寸(0.4 ~ 1.9 厘米),前无古人的 0.16 英寸(见图3-19)。

图 3-19　厚度对比 1

而且我想指出其中的一个重点：MacBook Air 最厚的地方比对方最薄的地方还要薄（见图 3-20）。

图 3-20　厚度对比 2

"它薄到甚至可以装在信封里，让我拿给你们看看。"然后他从信封中拿出这台笔记本电脑，边给大家展示，边再三强调，"是的，它就是这么薄，这是世界上最薄的电脑"（见图 3-21）。

图 3-21　将苹果笔记本电脑装进信封里

乔布斯的这段介绍运用了对比、图示、实物等方式，让 0.16～0.76 英寸这两个数字牢牢地刻在了听众的脑子里，尤其是那两张关于数字对比的图片，白色部分是竞品的笔记本电脑厚度，绿色部分是 MacBook Air 的厚度。两个颜色放在一起，薄厚程度一目了然。而且为了让听众体会更深，乔布斯还在第二张图片中，把 MacBook Air 最厚的部分与竞品最薄的地方加以对比，再次加深了听众的认知。最后他把笔记本电脑直接装到一个信封里，这种视觉冲击力更是给现场听众带来了巨大的震撼。他不仅让听众听到了数字，同时更让听众感受到了这个数字意味着什么，因此给人们留下了深刻的印象。

这种例子在生活中比比皆是。如之前某品牌的奶茶广告语："一年卖出几亿杯，杯子连起来能够绕地球好几圈。"如果我们仅仅听到一年卖出几亿杯是没有感觉的，但是杯子连起来绕地球好几圈的说法却能够在听众脑子里形成一种可视化的感觉，从而激活听众的感性认识和过往经验。

（4）技能示范化。很多直播课程是讲解一些实操技能的，小至如何正确佩戴口罩、如何做一道美食、如何做视觉化笔记，大至某设备、器械的操作。这种课程，与其一步步地给学员拆解每个动作、流程和注意事项，不如先放一段实际操作的视频，讲师现场示范，或用图片进行示范，让学员先眼见为实，有了直观感受之后再基于示范进行每个步骤的拆解和细致讲解。

例如，很多地方都会在洗手盆前张贴洗手七步骤，详细展示每一步的具体做法。这种做法的好处是：可以让学员边看边理解，边对照着进行操作，不但更能激发学员的主观能动性，而且也可以让学员学习的速度更快。

总结一下，知识场景化、概念类比化、数据可视化、技能示范化的本质都是帮助学员将抽象的、未知的知识，转化为具象的、已知的场景，与学员过往的经验建立联结。这种先感性后理性的授课方式，会让学员更有场景感、更能调动和激活学员过去的经验，激发学员更多的思考。线上直播时，当学员有了感性认识之后，我们才能推动他更多地参与，从而让学员有更多的收获。

3．思

感性认识是对事物现象的认识，是认识的初级阶段，而理性认识是对事物本质和规律的认识，是认识的高级阶段。在从感性认识到理性认知的过程中，通过"思"的环节引导、提问，启发学员对感性、具象的素材进行加工处理，引导学员深入思考、自我提炼。"思"是从现象到本质的桥梁，即从"感"到"解"的桥梁，能够帮助学员从感性认识过渡到理性认知，如图3-22所示。

图3-22 "思"的作用

"思"的环节中，有两种常见做法：一种是提问/互动，另一种是停顿。

（1）提问/互动。讲师往往会在案例、数据、示范等环节之后抛出问题，与学员进行互动。例如，在给出反面案例之后，询问学员："这里面存在哪些问题？会带来哪些风险？"在给出正面案例之后，问学员："哪里做得比较好？他是怎么做的？第一步是什么？第二步是什么？"讲师可以提出问题之后让学员在平台上给出答案。例如，前面资产负债表的案例中给出小猪佩奇的场景之后，讲师可以结合案例给出几个答案，让学员进行选择；也可以自问自答，稍加停顿之后自己给出答案，以便给学员留出思考及消化的时间。

（2）停顿。如果有些知识相对简单，在给完案例场景之后，在讲解理论内容之前，可以进行一个小小的停顿，这也是一种常见做法。给予停顿，即给予学员思考的时间，这点也是非常重要的。

"思"的环节有以下几个目的。

（1）有节奏。思的过程就与我们吃饭一样，吃进去之后一定要有个咀嚼的过程，否则就会被噎住或消化不良。培训也是这样，虽然直播的节奏比线下要快，但绝不是像机关枪一样不停歇，那样学员会跟不上，会很快陷入疲惫和放弃的状态。"思"的环节就是帮助学员在建立感性认识之后，有时间消化吸收、内化反思、深入思考，引导学员一起找到答案。

（2）愿接受。成年人和孩子相比，他们拥有大量的过往经验，这是好事，也是坏事。直播中，讲师直接抛出自己的观点或结论时，如果这些内容与学员过往的经验和认知相符还好，若有不符，他们就会提出挑战、质疑，甚至会觉得直播里很多知识都是错的，从而直接选择下线。但是人们通常不会否定自己得出的结论，因此，如果通过"思"的环节，即通过提问引导学员自己得出结论的话，他们就会更容易接受，并且更愿意改变。

（3）推动学。思在本质上是一种推动学员学习的过程。在培训中,学员学到多少不是取决于讲师教了多少,而是取决于学员自己学会了多少。直播培训更是如此。学员处于充满诱惑与干扰的环境下,如果不推动学员主动思考和学习,讲师教得越多,学员学得就越少,下线率也就越高。因此,在直播教学时,要推动学员利用自己熟悉的事物或经验对问题进行深入思考与挖掘,最终得出自己的结论,这个过程实现了从讲师教到学员主动学的转变。

4. 解

在学员已经激活过往经验、产生感性认识,并对问题进行了思考之后,讲师需要基于学员的痛点问题讲解相应的解决方案和理论知识,让学员能够知其然,更知其所以然。

在知识的讲解上,要注意让学员既能用得上,又能跟得上,要注意基于学员的应用场景进行理论讲解,并将理论知识转换成能落地的解决方案。

例如,在薪酬管理课程的"定薪"环节中,业界有个非常知名的 3P 模型,即岗位薪酬(Pay for Position)、个人技能薪酬(Pay for Person)和绩效薪酬(Pay for Performance)。Sandy 在第一次试讲时,也是照搬这些理论,并逐一展开讲解。但作为业务管理者来说,这些理论和模型离他们有点儿远,他们似乎也不需要了解得这么深入。

因此,后来 Sandy 在进行这部分讲解时,将应用场景明确为"管理者在给新人定薪时要考虑哪些维度",同时将 3P 模型转化为大家更能听得懂的语言,即定薪时要关注对外是否具有竞争性、对内是否具有公平性。

▶ **对外具有竞争性：**根据候选人的经验、能力制定薪资（对应 3P 模型中的 Pay for Person），给出的价格是有吸引力和市场竞争力的。

▶ **对内具有公平性：**要看部门内部同等岗位的员工薪资水平是什么样的（对应 3P 模型中的 Pay for Position），让同一岗位员工的薪酬在一个合理的范围内；同时内部公平性还包括员工的薪酬要与其绩效情况相匹配，让优秀的员工得到更高的回报（对应 3P 模型中的 Pay for Performance）。

很多的专业模型、理论是该领域专家需要学习和掌握的，但对于学员来说，他们更关心的是如何解决实际工作中的问题。因此，讲师要做好落地的工作，将专业理论转变为基于学员需要的解决方案，将专业术语转变为学员能听得懂的话。实用、落地、说"人话"，是在讲解知识方面的基本要求。

除内容要听得懂、用得上之外，讲师的讲解过程也要始终保持与学员在同一个频道上。很多讲师在内部述职时养成了一种习惯，他们喜欢将大量的复杂信息都提炼在一张 PPT 上，尽可能在一页 PPT 里传递更多信息。

如图 3-23 所示，这是一家五百强企业为新员工定制的沟通线上课，其中一个章节讲解的是沟通步骤和注意事项。直播时，讲师一下子放出这张 PPT，并在页面静止状态下足足讲了十几分钟，对四个步骤是什么、每个步骤下的注意事项，以及工作中的常见问题逐一展开讲解。

图 3-23　案例：一页 PPT 信息量过大

这样带来的后果就是学员走神、溜号、换台。因为没有几个人能够面对着一个没有变化、没有动感的屏幕长久保持注意力。而且当一页 PPT 里的内容过多时，讲师在讲第一个步骤时，学员有可能在想第二个步骤、第三个步骤，反而会干扰学员的注意力，让学员与讲师不同频。因此在讲解环节，讲师要学会拆分信息，争取每页把一个小主题谈透，同时增加 PPT 的动画设置，确保讲师每讲一点，页面上出现一点，让学员与讲师同频。

5．用

在每个 5～8 分钟模块结束时，讲师要再次与学员的实际工作场景建立联结，推动学员运用所学知识解决相应问题，或评估学员对前面内容的掌握情况。"用"的环节主要用来解决以下几个层面的问题：记住了吗？学会了吗？怎么落地？如图 3-24 所示。

对应这几个问题，讲师在"用"的环节中通常要做三件事：串一串、练一练、点一点，如图 3-25 所示。

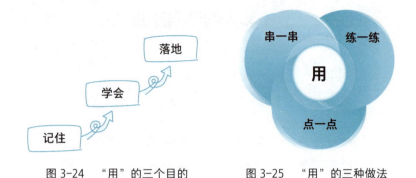

图 3-24 "用"的三个目的　　图 3-25 "用"的三种做法

（1）串一串。将前面散落的知识点快速地进行总结串联。经常性的、高频反复的总结提炼对直播来说至关重要，因为学员在听课时经常会受到外界因素的干扰，一位同事过来、一封邮件进来，他就有可能错过很多知识信息。因此，每个知识点讲完后，要快速帮学员提炼总结一下，帮助那些随时进来的学员，让大家知道进展，知道前后逻辑，让他们脑子里能够有一条清晰的脉络。

（2）练一练。讲师在直播时要经常性地对学员进行一些评估检验，一方面看大家对内容的掌握情况如何，另一方面也可以推动学员参与和互动。例如，在讲完一些专业内容之后，可以设计一些连线题、选择题、判断题等，及时对学员进行评估。

（3）点一点。不是所有模块都适合做练习，但每个模块讲完后，讲师可以回到学员的应用场景中去点他一下，回应在"引"的环节中提出的痛点或问题，用一两句话提醒学员在遇到这些问题时可以做些什么，需要避免什么。这个步骤可以由讲师直接点出具体做法，也可以设计一些问题启发学员进行反思，例如，以前遇到类似场景，你是怎么做的？问题在哪里？怎么调整会更好？

6．小结

总结一下，"引感思解用"模型中每个步骤的做法及注意事项如下。

▶ 引：明利弊、说心声、考经验、选重点。

▶ 感：知识场景化、概念类比化、数据可视化、技能示范化。

▶ 思：提问/互动、停顿。

▶ 解：听得懂，用得上，与学员同频。

▶ 用：串一串、练一练、点一点。

那么，这个模型在实际直播中要如何进行灵活的串联和使用呢？

举个例子，我们在课上使用正反案例进行教学时，可以将两个5~8分钟的学习模块用"引感思解用"模型串联起来，具体方式如下。

▶ 大家在工作中遇到过下列问题吗？罗列痛点或问题。（引）

▶ 我们来看个例子吧。提供反面案例。（感）

▶ 这样做会存在哪些问题？会带来什么后果？请写在对话框中。（思）

▶ 那应该怎么做呢？停顿。（用+引）

▶ 我们来看第二个例子。提供正面案例。（感）

▶ 它与之前的案例相比发生了哪些变化？这样做有什么好处？请用文本功能写在屏幕上方。（思）

我们来拆解一下具体做法，第一步……第二步……第三步……做这件事时需要注意……（解）

所以，以后遇到类似问题，大家需要注意这些方面……或者是给大家一个有问题的案例，请大家看看怎么修改。（用）

通过上面的案例可以看出，"引感思解用"是应用在一个又一个的5~8分钟模块里，上一个模块结束的同时往往也开启了下一个模块的"引"，它让整个直播课程能够不断地激发学员的兴趣，持续地吸引学员的注意力。

成年人是一群既有经验又很现实的人，如果直播内容不符合他们的需求，他们是不愿意学的。学的过程中如果没有发挥他的经验或与他的经验不符，他也是不愿意学的。学完之后如果没有进行应用，缺少成就感，他仍然会拒绝。因此，在每个5~8分钟里，在学员注意力集中的每个时段内，通过"引感思解用"的设计，让内容在讲解之初，"引"发他的兴趣，让他愿意学；在讲解过程中，通过"感思解"三个步骤，调动学员的经验和主观能动性，让他主动学；在讲完之后，要推动学员去"用"，确保他用得上，让他有收获、有成就感，从而牢牢拉动他们的注意力。

一首一尾的"引"和"用"的环节，能够确保每个内容模块都能够从学员的场景中来，再回到学员的场景中去，让学员觉得内容有趣、有用，与自己有关。中间的"感思解"环节，确保学习过程既有感性又有理性，既有学习又有思考，通过讲师的引导，带着学员一起得出结论，从而遵循成人学习的过程与原则。最后"用"的环节，确保学员用得上，从而获得成就感和满足感，如图3-26所示。

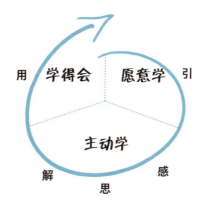

图 3-26 "引感思解用"的作用

3.4.2 模型设计

直播时由于时间短,单位时间内传递的信息量较大,我们不但要让学员愿意听、听得懂,还希望他们能够记住更多的内容,在日常工作中还要学会使用和落地。如何让学员对所学内容有更深的印象,更容易记住,并且能够去应用呢?

先来看个案例。一家快消品行业开发了一门"培养接班人"方面的直播课程,其中一个非常重要的内容是在选好接班人之后,要与接班人进行有效的沟通。

原来的课程是这样设计的:

与接班人的沟通要关注以下三件事:

▶ 给予认可,规划前景,强力支持。

▶ 分析现状,探讨风险,共识工作计划。

▶ 明确学习路径,及可提供的平台和资源。

试想学员看完这段抽象的文字后，就算他们能看得懂，但他们又能记住多少？尤其是在直播课当中，信息量那么密集，如果所有的知识点都是这样冗长的大段文字，整个课程上下来，学员又能带走多少信息？过于抽象的信息和繁杂的文字很难被大脑记忆，如果能将其表达得更加形象，学员记忆起来会容易得多。

后来他们把这三个沟通重点提炼为要"打三针"，如图3-27所示。

- 强心针，给接班人信心。
- 预防针，帮接班人发现风险。
- 营养针，给接班人学习的机会和相应的资源。

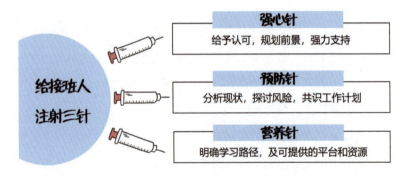

图3-27　案例：沟通课的内容提炼建模

"这三针"与前面的三句话相比，显然更容易记忆，学员在实际工作中应用时也会更容易想起来。

因此，在进行直播内容设计时，我们不但要确保学员愿意学、听得懂，还要让学员能够记得住、用得上。这就要求我们要对核心知识进行建模、包装。建模时我们需要分析人脑的特点，模型越贴近大多数人日常的思考习惯、思维逻辑，学员就越容易记住，也才越容易应用。

人的大脑分为左脑和右脑，左脑负责的是处理理性的、逻辑的信息，右脑负责的是处理形象的、视觉化的信息。不同人在记忆过程中有不同的特点：偏左脑的人，喜欢逻辑思维，这就要求我们要将复杂文字整理得更有逻辑性，并提炼成简短、朗朗上口的字、词、短语，让他们更容易记忆；偏右脑的人，喜欢各种形象的表达，我们可以将核心内容图形化、具象化，让内容更加直观形象，更符合他们的记忆习惯。也就是说，建模设计时可以从字和图两个维度来进行优化，一种是字的提炼，另一种是图的呈现。

怎么让字好记？建模时最常用的是汉字、英文和数字这三种文字，我们可以基于这三种文字进行提炼和优化。哪些图更常用？建模时最常用的包括图形、色彩和事物，我们可以用这些形象的方式来联结学员的经验。

接下来，笔者就对这六种建模方式逐一展开介绍，大家在日常中还可以在这六种建模方式的基础上做出更多的变化，如图3-28所示。

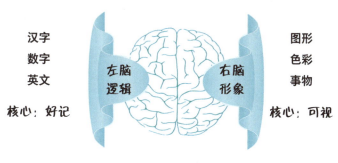

图3-28 六种建模方式

1. 汉字建模

我们日常用得最多的就是汉字组合。例如，小快灵、短平快、白（领）骨（干）精（英）等。将大段文字提炼得简短好记、朗朗上口，符合大多数人的表达习惯，学员就会更容易记忆。

通常，汉字建模有三种常见方式：单字口诀法、多字对称法、引经据典法。

（1）单字口诀法。单字口诀法是将复杂文字提炼为一个字，多段文字提炼成一个小口诀。先来看以下几个例子，举一些我们熟悉的简短口诀。

▶ 案例一：

戴戒指时，戒指戴在不同手指上代表着不同的含义，"清热解毒"四个字就将这种现象进行了很好的阐释：食指代表的是清闲、单身；中指代表的是热恋、订婚；无名指代表的是结婚、已婚；小指代表的是独身、不婚。把它们经谐音连在一起，刚好就是"清热解毒"。在搞不清哪个手指戴哪个戒指时，只要回想这四个字就可以了。

▶ 案例二：

销售管理课上，讲师在讲解"如何盘点区域现状"时，将四个关键动作提炼为"望闻问切"，最终用主客观相结合的方式，进行多维度的交叉验证。

望：望数据，通过数据拿到客观资料。

闻：通过参加周会等方式"闻"出团队的氛围。

问：通过调研访谈问他人，了解更多信息。

切：切入现场做陪访，了解最真实的问题。

基于大家熟悉的"望闻问切"四字,学员可以很容易记住课程的核心内容,如图3-29所示。

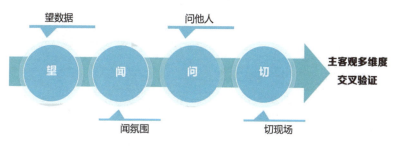

图3-29 案例:望闻问切

这些口诀的共性特点是:用一个字概括一段话,最终形成几个字的小口诀,生活中类似的做法很多,如"短平快""稳准狠""多快好省"等,再如前面的"引感思解用"模型。可以看出,字数越少,学员记忆难度越低。

(2)多字对称法。如果用一个字提炼概括觉得有难度,或是需要提炼为多个字或词时,要尽量遵从对称的原则,让学员读起来朗朗上口。

例如,我们强调设计直播内容时要关注三件事:要围绕学员的工作场景和痛点,要给出实用、落地的内容干货,并且要用生动有趣的方式加以呈现。

这一段话,如果用多字对称法,就可以提炼为以下几种方式。

▶ **方式一**:

直播内容要做到"三有":有用、有料、有趣。

有用：围绕工作场景和痛点。

有料：给出实用、落地的干货。

有趣：呈现方式生动有趣。

▶ **方式二**：

直播内容要遵循"三化"要求：场景化、实用化、生动化。

场景化：围绕工作场景。

实用化：给出实用干货。

生动化：呈现生动有趣。

▶ **方式三**：

直播内容要符合"三得"原则：打得准、贴得近、拉得动。

打得准：直击痛点和难点。

贴得近：贴近实际给干货。

拉得动：拉动学员多参与。

以上就是多字对称法中最常见的三种方式：首字对称，如"三有"；尾字对称，如"三化"；中字对称，如"三得"。生活中这种多字对称的案例也有很多，如更快、更高、更强；公平、公正、公开等。可以看出，文字越工整对称，读起来越上口，记起来也越容易。

（3）引经据典法。在建模时还可以引经据典，引用一些古诗词、成语、歌词等方式，帮助学员记忆。

例如，一位讲师在设计的"谈判技巧一小时"微课中，将课程核心内容总结为：收集信息阶段要做到知己知彼；制定策略阶段要做到谋而后动；谈判异议阶段要做到攻心为上。为了帮助学员记忆，他借用了《孙子兵法》中的三个成语，对课程核心内容进行了提炼，如图 3-30 所示。

图 3-30　案例：引经据典法

引经据典法中的"经"和"典"往往都是学员熟悉的内容，所以这种方法的本质是联结学员的经验和场景，用他们熟悉的方式去帮助其记忆不熟悉的内容。

（4）小结。其实单字口诀法、多字对称法、引经据典法的背后无非是通过以下这样几种技巧帮助学员记忆。

▶ **简短**：越简短越能降低记忆的难度。

▶ **合拍**：越与听众的表达习惯合拍，越符合大多数人日常的记忆和表达方式，学员越容易记忆。

▶ **借喻**：借用学员熟悉的内容来助其记忆不熟悉的内容，越与大家过往的知识经验建立联结，学员越觉得好记。

2．数字建模

数字也是常见的一种建模方式。例如，过马路时要一看二慢三通过；三大纪律八项注意等。由于数字是我们很熟悉、很容易记忆的方式，因此在内容之上融入数字，作为帮助学员记忆的辅助工具，就能够降低记忆的难度。

例如，科学膳食中要遵循"四个一"原则，每日的膳食分配要遵从"一二三四合计十个网球"的方式。

▶ **四个一原则**：每天一个鸡蛋、一斤牛奶、一小把坚果、一块扑克牌大小的豆腐。

▶ **十个网球**：每天主要摄入的食物总量在十个网球大小。其中，一个网球大小的肉类；两个网球大小的主食（米、面、谷类等）；三个网球大小的水果；四个网球大小的蔬菜。一肉二粮三果四菜加在一起，刚好十个网球大小。

由此可以看出，使用数字作为引领，会大大降低学员的记忆难度。

3．英文建模

英语也是很多人熟悉的语言，英文字母的一些组合也在直播课程中比比皆是。

例如，我们熟知的SMART原则：计划或指标必须是具体的（Specific）、是可以衡量的（Measurable）、是可以达到的（Attainable）、要与其他目标具有一定的相关性（Relevant）、要具有明确的截止期限（Time-bound）。

再如，SWOT分析法：在制定经营战略时，需要分析四方面因素：S是指企业内部的优势（Strengths），W是指企业内部的劣势（Weaknesses），O是指企业外部环境中的机会（Opportunities），T是指企业外部环境中的威胁（Threats）。

无论是 SMART 原则，还是 SWOT 分析法，它们其实与单字口诀法非常相似，都是将一段话、一个词变成一个字母，最终再通过提取首字母形成一个容易记忆的组合。

同时，英文组合也可以与数字组合关联在一起使用，如前文中提到的薪酬管理中的 3P 模型：岗位薪酬（Position）、个人技能薪酬（Personality）、绩效薪酬（Performance）。

因此，英文组合背后的规律与汉字组合和数字组合高度一致，都是通过简短、合拍等方式来帮助学员记忆，只是换了一种语言表达形式而已。

4. 图形建模

人类进化史上，文字不过存在了几千年，然而在之前几十万年的漫长岁月里，人类都是用图示的方法来处理信息的。这是由于大脑对具体的图像信息更加敏感，记忆时间也会更长。神经科学的专家用大量的实验证明，用图片展现的概念比用文字叙述更让人印象深刻：如果只是听到一则消息，我们三天后通常只记得该消息的 10%；如果听的同时还能看到一张图片，三天后能记住的信息量就会提升至 65%，也就是一张图片能帮你多记住 5 倍的信息。

因此，除可利用文字组合来帮助左脑进行记忆之外，我们还可以基于右脑的特点，让内容模型更加具有视觉化特点。

常见的图形建模方式包括矩阵法、层级法、形状法。

（1）矩阵法。最众所周知的就是时间管理矩阵，美国著名的管理学大师史蒂芬·柯维博士按照事情的重要性和紧急性两个维度，将事情分为重要紧急、重要不紧急、紧急不重要、不重要不紧急四个象限，如图 3-31 所示。

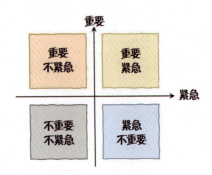

图 3-31　案例：时间管理矩阵

这种建模方式非常常见，只要有两个不同维度，并且每个维度两端存在相反或相近的不同视角时，就可以使用矩阵模型。

例如：

▶ **能力意愿矩阵**：一个维度可以是能力高低，另一个维度可以是意愿高低，据此可对人才进行分类。

▶ **供应商分类矩阵**：横轴可以是供应商增加产能的意愿程度，纵轴可以是增加产能的复杂度，以此对供应商进行分类。

另外，矩阵法也可以与汉字组合法结合使用，为矩阵区隔出的四个象限起名，并将这些名字提炼为对称的短语或引经据典来帮助人们记忆。

例如，生活中找男女朋友时，有人从收入和人品两个维度做了一个分析矩阵，将对方分为四支不同的股票：潜力股、绩优股、风险股、垃圾股，如图 3-32 所示。

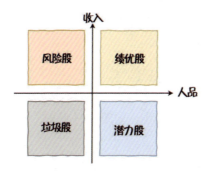

图 3-32 案例:找对象的四矩阵

此外,矩阵法还可以变形为九宫格模式:仍然采用二维矩阵,但将每个维度分为三部分,从而形成九宫格。如"人才盘点九宫格",一个维度是潜力,另一个维度是绩效,每个维度上都分为高、中、低三档,九种人才一目了然,如图 3-33 所示。

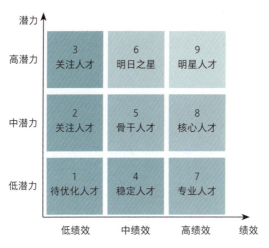

图 3-33 案例:人才盘点九宫格

(2)层级法。除二维图形组合之外,如果是多个维度,还可以使用层级法搭建模型。常见的层级法分为正向金字塔模型和反向漏斗模型。

例如,著名的马斯洛需求层次理论,指出人的需求由生理需求、安全需求、社交需求、尊重需求、自我实现需求五个等级构成,该理论使用的就是金字塔模型,如图 3-34 所示。

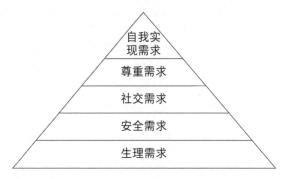

图 3-34　案例:马斯洛需求层次

再如,营养膳食金字塔,指的是根据合理的饮食结构中各种食物的占比多少,将各种食物放在一个金字塔中进行形象展示,如图 3-35 所示。

图 3-35　案例:营养膳食金字塔

如果将金字塔倒过来，则是常见的反向漏斗模型。

例如，销售培训中经常会将客户分为目标客户、意向客户、成交客户、忠诚客户。根据他们的来源和占比，可以用漏斗模型来表示，如图3-36所示。

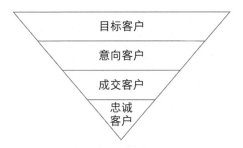

图3-36　案例：客户成交漏斗模型

再如，电商销售漏斗，就是按用户每个阶段的占比数量所形成的漏斗模型，如图3-37所示。

图3-37　案例：电商销售漏斗模型

使用漏斗模型时，上下之间的关系通常与多少、占比、来源有关，上层的数量一般比下层更高、比例也更大，而且上层通常是下层信息的来源，如漏斗一般，将上层的内容过滤到下层。

（3）形状法。除上述几种常见图形外，我们还可以运用很多日常的形状来进行建模。例如，用方形、圆形、多边形来代表不同的性格与行为模式，用一个圆和多个圆来代表团队的大集体和小集体等。

例如，某公司在开发"打造团队凝聚力"的直播课程中，提炼了一些不同场景下的具体做法，包括在面向每个员工时怎么让其感到温暖，在员工之间如何形成紧密的联系，在团队内部怎样合作无间融为一体。为让这三个方面的知识更加形象易记，他们将员工个人、员工之间、团队整体这三个场景提炼为点、线、体三个形状，对内容进行了直观形象的展示，如图3-38所示。

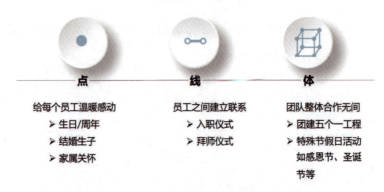

图 3-38　案例：点线体建模

无论是二维还是多维的事物，无论是图示还是形状，用图形的方式建模可以帮助学员在头脑中形成更加直观、视觉化的形象，从而降低记忆的难度，让直播内容更加立体形象地储存在学员的脑子里。

5. 色彩建模

色彩也是我们经常使用的一种建模方式。例如，在 FPA 性格色彩中，将人的性格分为红、黄、蓝、绿四种类型：红色，代表精力充沛，感情丰富；黄色，代表目标感强，喜欢挑战征服；蓝色，代表精确严谨，反复斟酌；绿色，代表性情温和，容易相处。

再如，在六顶思考帽中，通过六种颜色的帽子来代表六种思考问题的方式。白色，代表中立而客观，关注事实和数据；绿色，代表创造力和想象力，关注创造性思考、求异思维；黄色，代表价值与肯定，正面思考，表达建设性意见；黑色，代表合乎逻辑地进行批判，找出问题；红色，代表情绪、直觉、感受等方面的看法；蓝色，代表负责规划和管理整个思考过程，并做出结论。

色彩是借用大家生活中习惯与熟悉的方式，去帮助人们记忆不熟悉的内容，从而降低记忆难度。在使用色彩时，要注意色彩代表的寓意要与大部分人的理解和认知相符，如红色通常代表热情，蓝色通常代表理性等，这样才能借用学员自己的经验帮助他们进行记忆。如果我们用红色代表冷淡，学员就会觉得错乱了。

6. 事物建模

我们还可以运用很多生活中的熟悉事物来进行类比建模。例如，一家制造业公司在线上分享企业文化时，他们的企业价值观被归纳为四个词语：创新、责任、正直、关爱。

对此，讲师是这样来介绍的：这些价值观体现在我们的脑子里（创新）、体现在我们的肩膀上（责任）、体现在我们的心里（正直)、体现在我们的手上（用手指比心，表示关爱）。脑、肩、心、手与原来抽象的四个词语相比，视觉冲击力更强，更加容易记忆。所以，用相似事物作类比，也是激活学员过往经验，助其记忆内容的一种方式。

在培训中这种例子特别多。例如，在 PDP 性格测试中，它把人分为老虎、孔雀、考拉、猫头鹰和变色龙五种不同的类型，老虎代表目标和权威导向；孔雀代表善于表达与宣传；考拉代表爱好和平，善于忍耐；猫头鹰代表专业与精确；变色龙代表随时调整与资源整合。有了这五种动物，我们再去记忆五种不同的性格特点，就形象直观得多了。

此外，人们还经常会用建筑的结构来进行类比。如 Sandy 在薪酬管理课上，用了一座房子来表达课程内容之间的逻辑关系，她将理念与政策比作基石，将三大场景比作支柱，将双向沟通视为保障，将绩效提升看作目的。这种类比房屋的建模方式在直播课中也非常常见，如图 3-39 所示。

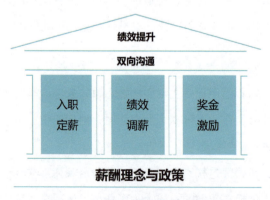

图 3-39　案例：薪酬管理课程建模

用事物来类比时，既可以如动物、房子一样是非常具体的事物，也可以用一些有视觉感的画面或动作。例如，阿里巴巴的管理"三板斧"："揪头发""照镜子""闻味道"。

通过"揪头发"，锻炼一个管理者的"眼界"，培养其向上思考、全面思考和系统思考的能力，从更大的范围和更长的时间来考虑组织中出现的问题。

通过"照镜子"，来修炼一个管理者的"胸怀"，既要成为别人的"镜子"，告诉别人他有什么问题，也要让别人可以随时"照"到自己所存在的问题，从而互相持续性地成长完善。

通过"闻味道"，来修行管理者的"心力"，管理者既要散发"味道"，形成团队的氛围，影响团队成员思考、做事和协作的方式，又要敏锐嗅到团队的"味道"，发现尚未萌芽的问题。

这三项原本比较抽象的能力用三个动作来形容，同样给学员提供了非常强的视觉感，让其不但能听到，而且仿佛能够看到，从而更加容易记住。

总结一下：在内容建模方面，我们围绕人的左右脑，提供了六大类、十余种具体的建模方式。这些建模方式要么是将复杂的文字提炼得简短、合拍、朗朗上口，要么是将它们转换为有画面感的、可视化的形象。其背后的本质都是帮助听众用熟悉的经验记忆不熟悉的内容，用形象的方式记忆抽象的知识，如表 3-10 所示。

表 3-10　建模小结

建模方式		做法与示例	
让左脑更好记	汉字建模	单字口诀法，如望闻问切、清热解毒	
		多字对称法	▶ 首字对称：如有用、有料、有趣
			▶ 尾字对称：如场景化、实用化、生动化
			▶ 中字对称：如打得准、贴得近、拉得动
		引经据典法，如知己知彼、谋而后动、攻心为上	
	数字建模	如四个一原则、科学饮食的十个网球（一肉二粮三果四菜）	
	英文建模	如 SMART 原则、SWOT 分析法等	
让右脑更好记	图形建模	矩阵法	如时间管理矩阵
		层级法	▶ 金字塔：如马斯洛需求层次
			▶ 漏斗型：如销售漏斗
		形状法	如正方形、圆形、三角形；点、线、体
	色彩建模	如六顶思考帽、四种性格色彩	
	事物建模	事物	如五种动物代表不同性格
		动作	如揪头发、照镜子、闻味道

上述模型是大家日常使用频率很高的方式，但在实际应用时也经常会出现很多问题，因此建模时格外需要注意以下几点。

（1）模型要为内容服务。在建模过程中，经常见到有的讲师为了让模型更加美观、吸引眼球，而生搬硬造，甚至直接改内容，让内容为模型服务；还有的讲师为了凑模型，甚至颠倒混乱了事物本身的逻辑，这就有些本末倒置了。

例如，一个课程的正常顺序应该是开场、授课、总结、收尾，但有的讲师为了凑成 COST 这个单词（Closer, Opener,

Summary, Training），硬是把顺序改成了收尾、开场、总结、授课，这样反而给学员造成了模糊和困扰。

（2）根据学员情况选择最优模型。先来看个例子。讲师基于同一内容设计了几种不同的模型，请思考：哪个模型会更受到学员的欢迎？

这是一家国企的"公文写作"直播课，其中一个章节介绍的是"如何基于领导的模糊指令快速澄清，并最终成稿？"在这个过程中有五个关键动作：澄清领导需求、收集相关素材、形成雏形并请领导审批、完成公文稿件、仔细检查避免疏漏。

讲师在设计模型时，设计了以下三套模型。

▶ 用汉字组合，提炼出五个词组：领悟、收集、确认、撰写、检查。

▶ 用英文和数字组合，提炼出 5C 模型：Comprehend, Collect, Confirm, Compose, Check。

▶ 用汉字和事物组合，提炼出五个关键动作：定调子、挖金子、立靶子、填肚子、过稿子。

在实际应用过程中，学员更喜欢哪种建模方式呢？

这其实是建模的三个版本迭代过程，讲师对第一套模型不够满意，觉得对于学员来说还是不好记，于是设计了第二套模型——5C 模型。这个模型看着很漂亮，但实际应用中存在几个问题：学员要先回顾出来这 5C 分别代表的是哪五个单词，再将这些单词转化为中文，然后再联结自己的实际工作，这三层转化反而增加了记忆难度。最终，这位讲师设计出了第三套模型：定调子、挖金子、立靶子、填肚子、过稿子，这五个动作不但结构更对称、读起来朗朗上口，而且还很生动，视觉感也很强，同时这些词汇与课程内容的贴近程度更高，学员看到这些词就知道后面要做什么。

因此在设计模型时，要遵循学员的思维习惯，让学员容易记忆，而且要减少学员的转化难度，让学员想到这个模型就知道后面要做哪些事情，这样的模型才能够真正为学员所用，对学员有所帮助。

3.4.3 小结

直播培训不在于讲师在电脑一端讲了多少、讲得怎样，而在于屏幕的另一端学员学了多少、学得怎样。因此，只让内容有料还不够，在内容聚焦和规划之后，还一定要有设计内容的环节，它的目的是让直播中真正发生学习这一动作，由此才能真正推动学员去听讲、去思考、去记忆、去应用。

因此，在每个5～8分钟的直播模块中，讲师要运用"引感思解用"模型直击学员的痛点，激发他想学的愿望；要联结学员的经验，调动他在学习的过程中有参与、有思考；要引导学员自己得出结论，让课上的理论内化成学员的认知；要推动学员将理论应用于实践，让知识转变为学员的行为。同时，还要帮助学员提炼建模，让他在课程结束时能记住更多，日后应用时能想起更多。

3.5 本章小结

通过内容的设计，让学员成为直播课堂上真正的主角，让学习这个动作真正发生，这是直播课的目的所在。讲师唯有从知识素材的搬运工，逐步转变为学员线上自主学习的激发者、设计者和引导者，直播教学才是真正有效果、有意义的。

由于本章内容较多，现将内容设计的三大步骤、八项任务中涉及的做法、技巧汇总如表 3-11 所示。

表 3-11 本章小结

三大步骤	八项任务	具体做法
内容聚焦	共识目标	▶ 两个维度：发起人、学员上级 ▶ 三个问题：B（背景）、A（听众）、R（结果）
	梳理场景	4W 拆解：When、Who、What、Where
	锚定重点	▶ 三性标准：普遍性、重要性、可行性 ▶ 纵向分析：通过纵向对比做出判断 ▶ 通盘考虑：形成包含直播在内的综合性解决方案
	明确痛点	描述具体，落到行为
内容规划	整体规划	▶ 标题吸睛：说明利弊、引发共鸣、挑战认知、带入场景 ▶ 结构贴近、内容匹配、评估贯穿
	模块细化	切分为 5～8 分钟的内容模块
内容落地	模块设计	▶ 引：明利弊、说心声、考经验、选重点 ▶ 感：知识场景化、概念类比化、数据可视化、技能示范化 ▶ 思：提问/互动、给出停顿 ▶ 解：听得懂、用得上、与学员同频 ▶ 用：串一串、练一练、点一点
	模型设计	▶ 基于左脑：汉字建模、数字建模、英文建模 ▶ 基于右脑：图形建模、色彩建模、事物建模

第 4 章

互动创新

Chapter Four

4.1 直播互动的要求

两千年前,苏格拉底说过一句话:"教育不是灌输,而是点燃火焰。"如果只是提供了好的学习内容,那只是提供了灌溉的好养料。如何点燃学员?互动就是那颗火种,它给了学员参与课堂的机会,它让直播从讲师的单向灌输、学员的被动学习,变成了学员的主动学习、主动思考。它不但让每个学员的参与感更强,而且让讲师与学员之间、学员与学员之间的交流更充分,从而彼此点燃,相互照亮。因此,在各种类型的培训中,互动都是大家非常关注的话题。

线上培训有两种常见类型:一种是直播课,课程时长从几个小时到一两天不等;另一种是录播课,也就是大家常说的微课,讲师提前录制好课程,放到学习平台上供学员学习,通常每节课的时长在几分钟到几十分钟不等。

通常,直播课的课程时长会远远高于录播课的课程时长。这是因为,直播与录播相比最大的优势就是具有互动性、交互性。上录播课时,由于讲师和学员、学员和学员不在同一时间出现,课堂上难以互动,学员更多的是被动学习。在这种情况下,注意力保持十几分钟、二十分钟已是上限,因此录播课往往是基于一个小的知识点进行阐述,适合运用碎片化时间来学习的一种线上培训形式。

而直播时,讲师和学员在同一时间上线,虽然隔了一个屏幕,但借助平台功能,依然可以深入、持续、有节奏地进行实时交流,从而能够在较长时间里持续拉动学员的注意力。

因此，对于直播课来说，互动是一座桥，它是架在内容与学员之间的桥，是架在讲师与学员之间的桥，也是架在学员与学员之间的桥。有了互动，学员才能真正参与课堂之中；有了互动，学员不仅能从讲师那里、课程那里学到东西，还能在彼此的碰撞激发中有更多的成长和收获。

4.1.1 直播互动的七宗罪

在现实情况中，从线下迁移到线上时，直播的互动效果是被吐槽最多的点。线下学习时，大家都集中在同一个物理空间内，能够面对面看到。而线上学习时，每个人在自己的独立空间内，彼此之间看不到、听不到，甚至不知道对方在不在，场域的变化给互动的便捷性和课堂氛围的营造带来了极大的挑战。

一方面，讲师不适应，当我们习惯了面对面的线下交流互动时，骤然换到线上，这种变化犹如一夜之间从地面部队升级为空军部队，虽然对面的人没变，但战场变了、武器变了、打法变了，这导致原来的做法很多都行不通了。另一方面，学员不满意，从前线下面对面全身心投入与小组同学、全班同学深入交流的场景，如今却变成了一个冷冰冰、干巴巴听老师讲的过程，从一会儿坐、一会儿站、笑声不断的热烈氛围，变成了只有一个人安安静静盯着屏幕的场景，学员的学习体验、投入程度和成果收获都大打折扣。

因此，以下这些情况便成为直播互动中被讲师和学员吐槽最多的点，我们将其称为"直播互动的七宗罪"。

▶ **看不见**：所有人都不开摄像头，讲师根本不知道学员在不在线、有没有在听，教学效果很难保证。

▶ **氛围冷**：学员刚开始还参与，后面响应就越来越少，慢慢地就会处于少动、不动的状态，课堂氛围越来越冷。

▶ **太单一**：互动方式相对单一，经常在对话框里写个"666""888"就算是互动了。

▶ **难深入**：如有红包和奖励，学员就参与一下，但回答往往很"水"，缺少深入的思考，互动的含金量不高。

▶ **交互少**：更多是学员和讲师之间的交互，很难实现学员与学员之间、小组与小组之间的网状交互。

▶ **调动难**：每次参与互动的积极分子总是那么几个人，其他人始终处于游离状态，讲师很难调动所有人的参与。

▶ **下线多**：很多学员觉得互动太浪费时间，一到互动环节学员就下线忙私事，离线率居高不下。

由于缺少合适的线上互动方式，讲师不会互动、不敢互动，最终硬将直播课做成了录播课的效果。这种现象非常普遍，大量讲师从线下分享转战到在线直播时，几乎都会遇到类似的问题，而且越有经验的线下讲师，在转线上时的不适感、挫败感越强。

笔者还记得自己经历的第一场在线直播培训，是给一家互联网公司上课。其实对课程内容本身是非常熟悉的，对于课堂上如何调动气氛、如何让学员参与、哪个环节该做什么也都烂熟于心。但过去都是线下培训，一下子换成在线直播，心里顿时就没了底，仍然记得那时的紧张与忐忑，内容改了一遍又一遍，还是不踏实，互动活动加了又删、删了又加，不知道该怎么处理。直播当天，除了开场请学员在对话框里打了个招呼外，基本都是自己一个人在讲，学员都关着摄像头，一点儿反应也没有。偶尔提个问题，为了避免尴尬，也赶紧自圆其说地马上接一句："我知道大家不方便回答，所以我来说说答案。"整场讲完之后，到了答疑环节问大家有没有问题，有人开麦说了一句："听是听懂了，但会不会做不知道，所以提不出问题。"其实，学员提不出问题就是最大的问题。

师生线上隔着屏幕就真的难以互动吗？当然不是。我们只是对线上互动方式还不够了解而已。而且，事物都是有两面性的，线上直播虽然用眼睛看见彼此的机会少了，用嘴巴参与课堂的频率低了，可是正因为讲师看不见，不知道网络那头是谁，学员说话才可以无所顾忌，这种自由和真实的表达方式，反而让大家的表达欲、参与感更强，而且这些年大家上网和看视频等已养成了对着屏幕发弹幕，与屏幕背后的网友进行互动的线上沟通的习惯。因此只要用好平台提供的功能，用更加多样化的、符合线上特点的、符合学员线上学习习惯的互动方式调动学员参与的积极性，直播互动就可以做得更好，学员参与就可以更多，课堂气氛就可以更热烈，学员之间也能够更多地彼此点燃，相互照亮。

4.1.2　互动设计的三从原则

如何设计更好的直播互动？基于直播互动的特点和学员线上沟通的习惯，互动设计在从面对面的线下模式转为面对屏幕的线上模式时，我们要遵循以下三从原则，如图 4-1 所示。

图 4-1 直播互动设计的三从原则

1．从动口到动手

线下互动时，最常用的方式就是让学员用嘴说，可以一个人单独说，可以多个人同时说，可以随时随地说，课堂气氛也会因此而越来越热烈，如图 4-2 所示。但直播时，如果过多使用开麦互动的方式，常常就会遇到流程长、噪声大、压力大、参与少这四大问题。

▶ **流程长、噪声大**：直播时，学员默认的是静音状态，这相当于在学员的嘴巴上拉上了拉链，如图 4-3 所示，如果让学员开麦回答，需要做三个动作：打开拉链（开麦）、张嘴说话、再拉上拉链（关麦），这样的互动极为不便，会将课时拉长。而开麦后，如果学员周围比较吵，或多人在一个空间上课产生的啸音也会对其他学员造成干扰。

图 4-2 线下学员的互动状态　　图 4-3 线上学员的互动状态

▶ **压力大**：线下互动时，大家同时张嘴说话，说对或说错很难被发现，发言的人不会有太大压力。但直播开麦是一人说话多人倾听，这会让学员产生类似在学校里被老师点名，起立回答问题的感觉，会给发言的人带来很大的心理压力，大家因此而不愿开麦、不敢开麦。

▶ **参与少**：开麦互动带来的更大问题是，一个人开麦时，其他人不说话，大多数人处于一种愿意听就听，不愿听也没人知道的游离状态。如果发言人再出现表达啰唆、答非所问等现象，听众更会觉得浪费时间。于是这种互动时间就变成了学员去喝水、打电话、走神、掉线的时间。

因此，开麦发言这种做法，在直播中使用的频率与线下相比会降低很多。大量的直播互动会采取在聊天框里或屏幕上让学员一起写一写、画一画、标一标、选一选等方式，这些做法的共性之处在于：动手操作，而且是所有人都可以一起动手操作，从而让参与的学员更广泛，学员的压力更小，彼此的交互也更深入。

2. 从具名到匿名

从动口到动手可以让更多的人同时参与互动，但这些人是否愿意参与、是否愿意发表意见，是直播中的另一个挑战。很多人不愿意参与互动的一个重要原因是：怕说错话、怕答错题，心理上有压力，因而不敢发表意见。

我们看到一个非常有趣的现象：很多人在网络上和实际生活中会是两种样子，网上的他更放飞自我、更畅所欲言，甚至更有趣、更活泼，而且很多人其实很喜欢在线上交流，甚至看网剧时也要打开弹幕，边刷剧边通过弹幕方式与网友主动交流、一起讨论。匿名交互是线上交流互动的一大特点，大家已经养成了这样的沟通习惯，甚至也因为这种交互方式而造就了很多的互联网重度用户，他们愿意花更多时间泡在网上，在虚拟世界中进行自由的表达。

其实，直播也是一种线上交流方式，如果我们可以将互动方式调整为匿名的实时交互，让大家能够像在网上那样自由发表言论，那么相信很多人是愿意交流、愿意参与的。

直播互动通常有两种方式：一种是通过聊天框来发表自己的观点，如图4-4所示；另一种是通过"注释"工具在屏幕上涂写，如图4-5所示。

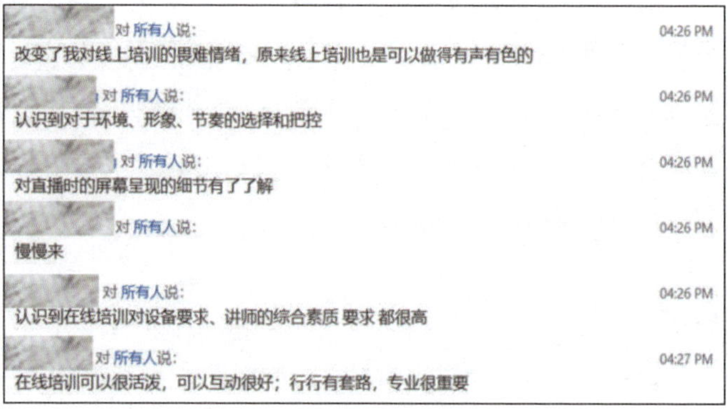

图4-4 用聊天框互动

如图4-4所示，聊天框发言会显示学员的登录姓名或昵称，很多直播培训会要求大家实名登录。这样一来，谁说了什么，说得孰对孰错、孰优孰劣便一目了然，这也是很多人不愿意参与直播互动的一个重要原因。

图4-5是让学员用注释方式在屏幕上直接写出、标出自己的想

法，而且主持人可以设置不显示参与者姓名，显然它的匿名属性更强。

人/动物	电脑	电话	其他
刷碗/做饭	QQ声	座机	开窗
……	……	……	……
拖狗要吃饭	没电了	手机声音	外卖来了
孩子找妈妈	没引没了	音乐	朋友看我QQ在线要约我开黑
家庭成员同时打电话会	用的热点，热点被中断了	微信提示	
两个人同时上课	微信	手机震，电视剧	海边风太大
小孩儿哭闹	电话	手机闹铃	镜头里自己太帅气
家庭成员屏幕显示上课	信号不好	手机微信	
	电话会议提醒声音	快递，外卖信息	
老板找	Meetings reminder		
	摄像头有问题		
	小狗打扰求抱抱		
	麦克风不够		
	有人在旁边打字		
	开了她的屏幕		

图 4-5　用"注释"工具互动

匿名回答是直播互动的优势所在，它更符合学员的互联网使用习惯，就像我们在网络论坛里随意发言一样，学员可以更加安心、真实地表达自己的想法，而不用担心说错话、答错题。市面上如腾讯会议、瞩目、Webex、Teams 等直播平台都有"注释""标记"等功能，大家可以在屏幕上直接进行表达。运用这种方式可以有效帮助学员降低压力和不安全感，提升大家参与互动的热情。

3．从分钟到秒钟

与线下培训相比，直播的时长更短、节奏更快，因此内容切入快、讲师语速快，连互动也要快。线下的互动时间一般是以分钟计算的，大部分线下互动活动少则三五分钟，多则十几甚至几十分钟，通过相互讨论碰撞，学员对内容有了更深的理解，从彼此身上得到了更多的借鉴与收获。

但直播时，学员不在一个空间里面，缺少监督与牵绊，互动时间过长会造成学员的下线、流失。因此在互动节奏上，要从线下的长时间、深入式互动，转变成高频次、短时间、小而精的互动方式，如图4-6所示。

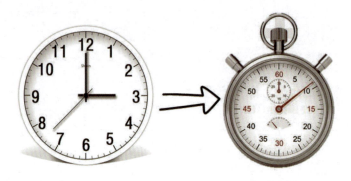

图4-6 从分钟到秒钟

▶ **高频次**：直播时，由于每5～8分钟学员就会走神、想换台，因此除在内容上要吸引他们之外，还要每5～8分钟设置一次互动环节，通过这种高频互动让学员不停地忙碌着、思考着、交互着，从而牢牢抓住学员的注意力。

▶ **短时间**：除小组讨论、演练等环节的互动时间较长以外，大多数情况下直播互动时间计算是以秒钟为宜的。一般来说，每次互动时长为30～60秒钟为宜，让学员快速思考，写出答案，既给到大家思考、消化、参与的时间，又避免了学员走神、溜号、换台的风险。

▶ **小而精**：直播互动的问题设计上，要把复杂的、适合写成千字小作文的大问题拆解成可以用一两句话说清楚的小问题；同时，如果有多个问题，要进行分工，让每人每次只回答1～2个问题，以方便学员快速做答。

因此,直播互动要从线下的若干分钟变成线上的数十秒钟,通过时间短、频次高、短而精的互动来吸引学员的参与。

4.1.3 互动功能的三个阶梯

除遵从线上互动的原则之外,设计互动活动之前,还需要了解平台常见的互动功能,在玩转各种互动功能的基础上设计多样化的、有吸引力的互动方式。

直播平台提供的常见互动功能大致有如下几种。

▶ **聊天框**:学员将问题或答案写在聊天框里。

▶ **注释**:学员使用"注释"功能在屏幕上输入文本、进行涂鸦等。

▶ **投票**:在窗口上弹出投票、选择等对话框,学员直接进行单选、多选。

▶ **白板**:类似于线下白板,讲师和学员可以在上面边说边涂写。

▶ **分组**:讲师将学员进行手动或随机分组,多个小组内同时在线进行讨论。

▶ **开麦**:学员开麦回答问题或参与互动。

▶ **表情**:学员在平台上做出点赞、鼓掌等表情。

根据这些功能,我们将直播平台的互动功能分为初阶互动、中阶互动、高阶互动三个阶梯。下面来看个案例,看一下它们的互动方式有什么不同,以及使用了平台的哪些功能。

商务礼仪培训中,讲师在讲到仪容仪表的注意事项时,采用了以下几种不同的互动方式。

▶ 方式一：聊天框

讲师提出问题：在仪容仪表方面，有哪些要注意避免的事项？请大家写在聊天框中。

▶ 方式二：注释栏

讲师在 PPT 里放了一张仪容仪表存在问题的图片，请学员找出图片中仪容仪表不妥的地方，并用"注释"功能将答案直接写在屏幕上本组的文本区中。计时 1 分钟，看哪组找得最全，优秀小组获得奖励，如图 4-7 所示。

图 4-7 用"注释"功能进行互动的案例

▶ 方式三：小组讨论

讲师请学员思考：身边有没有一个人，他/她的衣着打扮是你不喜欢的？结合这个人思考仪容仪表方面要注意避免什么？小组讨论3分钟,组长指派一位记录员收集大家的意见,讨论结束后汇总各组的讨论成果。

这三种互动方式的背后体现了三种不同的平台互动功能:方式一,互动功能相对单一,只有聊天框这种模式;方式二,学员可以直接在屏幕上进行填写涂鸦,且可以采用匿名模式;方式三,使用的是直播平台的分组功能,可以更深入地建立学员之间的联结。

根据不同平台提供的功能多少和交互的深入程度,我们可以将直播平台分为以下三类,即互动功能的三个阶梯,如图4-8所示。

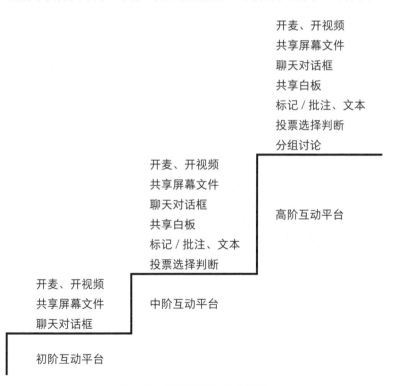

图4-8 互动功能的三个阶梯

1. 初阶互动平台

平台的主要功能包括共享文件、开麦、开视频等，互动方式上基本以聊天框方式为主。它往往更适用于成百上千人参与的大场直播，其网速往往更加稳定流畅，但互动相对较少。常见平台如小鹅通、钉钉等。

2. 中阶互动平台

除上述互动功能外，很多直播平台还提供如注释、批注、共享白板、投票等功能，所有学员可以在讲师共享的文件或白板上进行连线、文本、涂鸦、加标记等操作，或者直接参与投票。这些互动功能一方面让直播互动的多样性更强，另一方面可以采用匿名方式进行，能够减少学员的顾虑，让其更有安全感，也更符合线上交互习惯。它更适用于一些对互动要求更高，同时人数也控制在几十人的小型直播培训中。常见平台如腾讯会议、Teams等。

3. 高阶互动平台

除上述互动功能外，还有一些平台可以实现分组讨论功能，讲师可以在课堂中将学员分成固定或随机的小组，设置分组讨论、分组练习、相互点评反馈等互动环节，让培训的互动性更强。它通常适用于一些体验类、技能类等培训，人数一般控制在几十人左右。常见平台如瞩目、Webex、Zoom等。

4.1.4 互动设计的八式五感

设计直播互动时，我们要内外兼顾，一方面，互动活动的外在

第 4 章 / 互动创新

表现方式要具有多样性、多变性,从而让学员保持新鲜感和好奇心;另一方面,互动活动的内在设计要符合成人在线学习的特点和脑科学的理论,从而激活学员参与互动的内在动力。接下来,在活动形式上提供八种互动设计方式供大家参考,在设计思路上,则有五大感觉要充分调动起来。

直播互动设计的八种常见方式包括问答、选择、填空、判断与挑错、连线、排序、开麦接龙、分组讨论,如图 4-9 所示。

图 4-9 直播互动设计的八种常见方式

后面我们会对这八种方式具体适用于什么样的内容、如何进行有效设计等进行详细介绍,讲师可根据直播内容的不同特点,找到最贴合、最匹配的互动方式,并且在设计互动时,尽可能让方式更加灵活多样、生动有趣。

多样化的互动方式可以避免学员的审美疲劳,但如果想要激发学员主动地、积极地参与课堂互动中,我们在进行互动设计时还需要调动学员的以下五感:新奇感、运动感、归属感、成就感和节奏感，如图 4-10 所示。

图 4-10　直播互动要调动学员的五感

讲师要用新奇感激活学员参与，用运动感提升学员兴奋状态，用归属感实现学员交互，用成就感吸引学员投入，用节奏感掌控课堂氛围。接下来我们会对如何调动学员这五感进行详细介绍。

4.2　八种方式玩转平台

在直播授课时，内容多种多样，如概念、原理、流程、注意事项、技能实操等。那么，不同的内容要采用什么样的互动方式才更加合理呢？

先请大家结合自己的授课经验来做个连线题。左列是八种线上互动方式，右列是常见的授课内容，请将下面两列内容进行连线、匹配。

1 ▶ 问答　　　　　　　　A ▶ 概念、原理等知识讲解

2 ▶ 选择　　　　　　　　B ▶ 流程类知识

3 ▶ 填空　　　　　　　　C ▶ 头脑风暴

4 ▶ 判断与挑错　　　　　D ▶ 零散琐碎的知识，如注意事项

5 ▶ 连线　　　　　　　　E ▶ 发散性问题，答案数量多性

6 ▶ 排序　　　　　　　　F ▶ 学员有过往经验的内容

7 ▶ 开麦接龙　　　　　　G ▶ 体验类或实操类活动

8 ▶ 分组讨论　　　　　　H ▶ 一些分类性的知识，如垃圾分类

　　　　　　　　　　　　I ▶ 开场或需要热场时

　　　　　　　　　　　　J ▶ 各种场合都适用

答案：1J、2J、3A、4D F、5H、6B、7C E I、8G

下面我们将就每类互动方式具体如何设计、操作，以及分别适用于哪些类型的课程内容进行逐一介绍。

4.2.1 问答

问答是直播中最常见的互动方式，它的适用范围非常广。在给学员讲解授课内容之前我们可以先抛出一个问题联结学员的过往经验，讲解过程中也可以提出问题启发学员思考，讲解完之后更可以通过问答来检验学员对内容的掌握情况。

直播问答中，常见的学员参与方式包括聊天框、文本框、传图文等形式。

举个例子。在针对中层经理的领导力线上课程中，讲师开始先

抛出问题。

▶ **方式一：聊天框**

你有没有遇到过自己非常信赖、敬佩的领导？他身上的哪些特质让你印象深刻？请将他的一些特质写在聊天框里，每人写 1~3 条。（时间 30 秒钟）

▶ **方式二：文本框**

你有没有遇到过自己非常信赖、敬佩的领导？他身上的哪些特质让你印象深刻？请将他的一些特质写在文本框里（时间 30 秒钟），如图 4-11 所示。

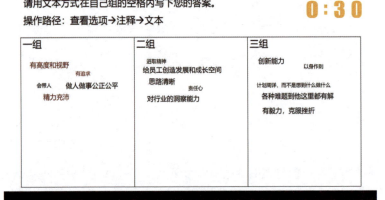

图 4-11　文本框互动的案例

前两种方式是问答最常见的形式，即将答案写在聊天框里，或者直接用文本框写在屏幕上，前者一般是具名方式，后者一般是匿名方式。除此之外，我们还可以突破屏幕的限制，帮助学员将线上和线下联动起来,如下面这种方式。

▶ **方式三:传图文**

环顾四周看一下身边的各种物品,请选一个物品来代表你认为一个优秀的领导应该具备的品质或能力,请将这个物品拍照上传到微信群里,并用一两句话说明理由。

或者是讲师提前请学员准备好彩纸和报事贴,请学员画一幅示意图来表达他对领导力的理解。画完之后,让所有人打开摄像头,将报事贴放在屏幕前进行展示,然后从中选出最有创意的一两位同学,请他来发表自己的看法。

这种互动方式的好处是:用具象的形式表达抽象的内容,学员更容易理解和记忆;同时,这个过程也让学员的注意力不仅停留在电脑端,还能在现实端也有更多的互动,让直播从二维平面互动扩展为三维立体互动。

上述三种方式都是直播问答环节的常见形式,问答也是直播中出现频率最高、适用范围最广的互动方式,几乎任何内容都可以通过问答的方式进行互动。但这个环节出现的问题也最多,如果设计得不好,经常会出现没有人参与、冷场等尴尬的场面。

来看看下面的案例,分析一下问题出在哪里。

同样是有关领导力的直播课上,讲师在一页PPT中列出了以下四个问题。

请思考:

你认为领导力重要吗?

什么是领导力?

领导力对一位管理者来说意味着什么？

如果缺乏领导力会带来什么后果？

这是一个非常失败的直播问答方式，它的问题太多、太大，并且指令不清晰，会让学员感觉无所适从，导致学员不参与或乱参与。

因此在设计互动问答时，需要注意以下几点：问题合理、指令清晰、给予提醒、设计多样，如图4-12所示。

图4-12 问答互动设计的四项要求

1. 问题合理

▶ **难度适中**：太简单或太复杂的问题都不适合在直播中用问答的方式进行互动。太简单的问题，例如，您认为领导力重要吗？这种问题的答案是明摆着的，学员会觉得有辱智商而不屑于回答；太复杂的问题，例如，什么是领导力？这种问题太抽象，而且一两句说不清楚，学员也回答不上来。

设计互动问题时，要思考学员是否愿意答、能否答得出，以及能否在几十秒钟内答完。例如，可以把这个问题改为：您是否遇到过领导力非常强、非常让人信服的上级？他身上有哪些特质？能否用一两个词来形容一下？先给学员限定一个范围或帮他找到一个场景，再进行相应的提问，这样学员会更容易、更愿意参与回答。

▶ **数量适中：**上面的例子中，一下子让学员回答四个问题，这在线上是不可行的。学员要么就一个也不答，要么选择其中一个感兴趣的回答，而且掐头去尾一起发在聊天框里，讲师也不知道学员答的是第几个问题，还没办法面对面直接询问，整个互动将会是混乱的。

一般来说，每个学员每次回答的问题不应超过两个，如果有多个问题，可以给大家进行一下分工。例如，一、二小组回答前两个问题，三、四小组回答后两个问题等，既缩短每个人的思考和互动时间，又让大家从不同的角度进行思考，可以相互借鉴。如果要让学员在聊天框里同时回答两个问题，讲师一定要告知学员，将两个问题编辑成一条信息一并发出，避免多人刷屏，导致有人回答 A 问题，有人回答 B 问题，让场面变得混乱。

2. 指令清晰

▶ **说清要求：**用多长时间来回答、回答什么问题、在哪里回答，这些指令一定要跟学员讲清楚。因为直播不像线下，面对面情况下学员是否听得明白，讲师一眼就能看出来。而线上，如果学员对互动指令有困惑，就会直接导致他拒绝参与互动。因此，讲师不但要把指令说得更加清晰，对于题目比较复杂或有难度的，讲师还可以举例子、做示范，让学员更加容易理解。

▶ **写清关键：**如果讲师仅仅用嘴说，有时学员会因走神、掉线或受到干扰而遗漏掉关键信息。因此互动时讲师一定要把问题、使用的平台功能、操作路径等关键信息写在 PPT 上，让学员边看边做答。

▶ **划清区域：** 使用文本功能时，讲师最好提前给各组学员划分不同区域，让每组在自己的地盘里进行涂写，以免很多人写的内容堆叠在一起难以辨识。

3．给予提醒

▶ **路径提醒：** 很多学员对平台操作不是很熟悉，有的人只会用聊天框，因此在使用如文本、画图、注释等平台功能时，讲师要在PPT上标出操作路径，用这种方式告诉学员先点击哪个按钮，再点击什么图标等，同时讲师也要教给大家具体的操作方式。

▶ **计时提醒：** 在让学员回答问题时，讲师可以在屏幕一角插入一个计时器软件，它有两个好处：一是给学员提醒，提醒学员时间很短，既要尽快完成，也不要用这个时间去做别的事情；二是避免讲师在等待过程中感觉尴尬。

直播时经常会因为网速造成一些延时，而且讲师在等待学员回答时内心也常常会产生惶恐，担心冷场，因此常常不等学员思考，自己就自问自答了。有了计时器，就有了合理的缓冲时间，既给了讲师踏实等待的时间，也给了学员思考消化的时间。

PPT中自带一些课堂计时器模板，讲师可以根据自己的需要进行选择和设计。具体操作路径为：打开PPT，点击"文件"→"新建"→在对话框中填写"计时器"进行搜索→选择一款自己喜欢的计时器，点击"创建"按钮即可。如果觉得这些模板相对单一，还可以下载一些PPT插件，从中找到更多好用的模板，如图4-13所示。

图 4-13　PowerPoint 中自带的计时器模板

4. 设计多样

设计问答时，既可以使用聊天框等具名方式，也可以使用文本、注释等匿名方式，讲师可以根据学员的多少、平台的功能以及讲师的需求来进行多样化的设计。

首先，在人数多的情况下，建议使用聊天框。如我们在进行政策宣讲、产品介绍或引流等，直播学员通常达数百人、数千人。在这种情况下，我们一般选择功能相对简单且网速流畅不卡顿的平台，如小鹅通、钉钉等。一方面，这些平台通常不支持"文本"功能，另一方面，请上千人同时在 PPT 上进行涂写也不现实。

但如果是几十人的直播课程，其互动频率更高、交互性更强，此时我们更推荐使用中阶互动功能的平台，在课上运用文本、画图等方式与学员互动，它的匿名属性更符合学员的网络使用习惯，也能够帮助学员减少压力，不用担心自己答错问题。

同时，讲师也可以根据自己的需求、课程的不同阶段进行选择。例如，开场时我们需要鼓励学员更多地参与，或者在有些存在风险的问题上我们希望学员能够表达真实的想法，这时使用匿名方式可以帮助学员减少压力,提升其参与互动的意愿度;但在设计竞争机制、奖励机制时,则可以使用具名的方式,让积极发言的人、答对问题的人获得更多奖励,从而提升学员动力,让课堂气氛更热烈。

通常,建议具名和匿名的方式交替使用,避免总是单一用一种方式进行互动,以便带给学员更多的新鲜感。

4.2.2 选择

选择题也是线上直播使用频率非常高的一种互动方式,它的适用范围非常广泛。讲师可以提供诸多选项请学员做单选题、多选题,进行选择时的常用方式有以下几种:聊天框、平台投票、注释标记、颜色标识和视频投票等。

例如:

下列哪些属于有害垃圾?(多选题)
☐ 废灯管   ☐ 一次性餐盒   ☐ 过期药品
☐ 碎玻璃   ☐ 熊孩子

▶ 方式一:聊天框

请学员直接将答案写在聊天框中。

▶ 方式二:平台投票

很多平台都有投票功能,讲师可以将问题和选项提前设置好,在课上打开投票调查功能,让学员进行选择,而且统计结果也能够实时显示。如图 4-14 和图 4-15 所示,可以请学员在弹出的投票框中直接填写。

/ 第 4 章 / 互动创新

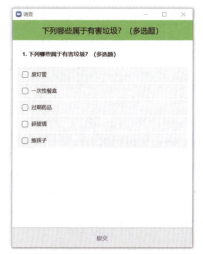

图 4-14 投票选项

图 4-15 投票结果统计

▶ **方式三：注释标记**

如果没有平台投票功能，讲师又想实时查看统计结果，那么还可以用"注释"中的"标记"功能，请学员将自己的选择直接标识在屏幕上，这样的呈现结果也非常直观，如图 4-16 所示。

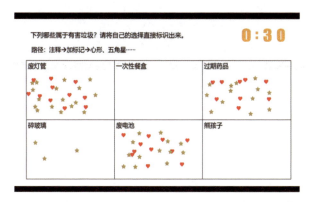

图 4-16 用"标记"功能进行投票

以上三种方式是选择题最常见的作答形式，如果平台功能少到只有聊天功能，那就用方式一进行，如果是具备中阶互动功能的平台，可以使用方式二和方式三。除以上方式之外，在让学员进行选择时，还有其他一些更加多样的方式。

▶ **方式四：颜色标识**

其实颜色也可以作为一种选项，我们可以利用平台的"画图"与"格式"功能，请学员选择不同颜色的画笔对所选内容进行涂色。如图 4-17 所示，列出各种垃圾，请大家将厨余垃圾涂成绿色，将可回收垃圾涂成蓝色等。这种方式能够给课堂互动带来很强的多样性和趣味性。

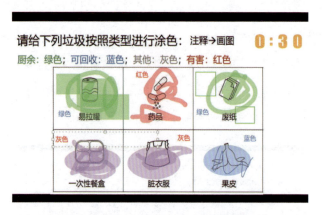

图 4-17 用"画图"功能进行颜色标识

▶ **方式五：视频投票**

进行选择题的作答时，我们还可以邀请学员打开视频进行投票。如果是单选题，可以直接请学员用手指来表示选择第几个选项。如果是多选题，还可以请学员将答案用油性笔或彩笔写在教材或报事贴上，并在摄像头前进行展示。这样做的好处是：不但能让学员的脑子动起来，而且还能让他们的身体也活动起来，为课堂增加更多的动感，降低学员的疲劳程度。

选择题作为直播中使用频次和使用范围非常广泛的一种互动方式，在设计选择题时要注意以下几点。

▶ **数量合理**：除非是进行是与否、对与错这种二元性选择，通常选择题的选项数量以 3～7 项比较合适，选项太少，对学员的挑战性不够；选项过多，学员又很难在几十秒钟内完成思考和作答的全过程。讲师在设置选项数量时，要确保学员能够在 30～60 秒钟内完成。

▶ **选项简短**：选择题的选项一定要简明扼要、一目了然。因为题干部分讲师可以用语言来加以解释，帮助学员理解，但选项部分基本就靠学员自己来读题，如果选项文字表达不够清晰、简练，就会给学员在答题时造成不必要的干扰。

▶ **选项有趣**：如上面的案例（见图 4-16），将熊孩子设为有害垃圾的选项，这样做的目的是让学员在参与互动时感觉到有趣、好玩。讲师可以在选项中增加一些有意思的、让学员会心一笑的内容，这样有助于活跃课堂气氛，提升学员大脑的兴奋程度。

▶ **交替使用**：在平台功能支持的前提下，可以将写答案、投票、做标注、涂颜色等多种方式交替使用，以增加互动的多样性及直播的动感和节奏感。

4.2.3 填空

填空题也是一种常见的直播互动方式，它特别适合用于知识讲解，如讲解一些概念、原理、特点、属性等，这些内容往往会是很长一段文字，里面有一些关键点需要学员理解、记忆或进行区分。知识讲解环节一般相对比较枯燥，讲师如果过多单向灌输，学员很容易走神，这时我们可以将希望学员重点关注的内容隐去做成填空题的形式，让学员凭借过去的经验进行填写。

运用填空的互动方式，一方面可以激发学员的好奇心，学员看到空白之处会产生想要补充完整的冲动；另一方面，在答题过程中，学员通过自己的思考和调用过往的经验，能够更好地理解和吸收这些知识，这比通过讲师讲解出来效果要好得多。

例如，在讲解"金融投资"的概念时，可以设置下面的填空环节。

什么是金融投资？请从下列词语中找出正确答案。

金融投资亦称 _____，是指经济主体为获取预期收益或 _____，用资金购买 _____、_____ 等金融资产的投资活动。

股票　原材料　股权　债券　证券投资　实物投资　生产

（答案：金融投资亦称<u>证券投资</u>，是指经济主体为获取预期收益或<u>股权</u>，用资金购买<u>股票</u>、<u>债券</u>等金融资产的投资活动。）

上文是在文字后面给出多个选项，请大家填写在空格里。除这种方式之外，我们还可以在每个空格后面给出不同选项，请大家进行填写，例如：

金融投资与实物投资有什么区别？请从下列词语中找出正确答案。

实物投资主体是（直接投资者，间接投资者），他们运用资金从事（生产经营活动，投资活动），从中获取（生产经营利润，增值收益)。金融投资主体是(直接投资者,间接投资者),他们投资的对象是(车间厂房,各种金融资产),从中获取(生产经营利润,增值收益)。

(答案:实物投资主体是直接投资者,他们运用资金从事生产经营活动,从中获取生产经营利润。金融投资主体是间接投资者,他们投资的对象是各种金融资产,从中获取增值收益。)

上述两种方式既可以请学员将正确答案写在聊天框里,也可以请学员运用"注释""画图"功能在屏幕上直接进行标注。此外,在设计填空题时,我们也可以进行线上与线下的联动,讲师可以提前给学员准备学员手册或相关教材,在教材上也可以预留填空的位置。互动时先请学员将答案直接填写在教材上,然后再拍照上传到提前建好的直播群里,如图 4-18 所示。

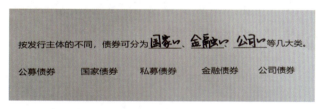

图 4-18 在教材上填空并拍照上传

直播时,学员长时间盯着屏幕,很容易引发视觉和大脑疲劳。让学员在教材上书写、拍照,能够让学员动眼、动手,同时换一下脑子,也能让直播互动具有更强的多样性和趣味性。

在设计填空题时,需要注意以下事项。

▶ **隐去重点:** 设计填空题时,要考虑哪些是希望学员记住的关键词，哪些是讲师要重点强调的关键内容，把这些地方隐去让学员来填写。这样做的目的是让学员对需要学习的重点内容进行提前思考、准备，在学员思考的基础上，讲师再进行讲解，大家会更容易理解和接受。

▶ **提供选项**：对于某些难度较大的填空题，如果让学员根据空格凭空思考进行填写，这对学员的难度和要求则有些过高。因此，一般设置填空题时，在题目旁边或下方会给出一些选项，可以将答案顺序打乱，还可以增加一些错误答案，让学员从中选择正确答案填写在空格里。

或者讲师也可以给定范围，让学员在一定范围内进行填写。如下面的案例，虽然没有提供选项，但由于限定了范围：5以内的数字，所以，学员填写起来难度不会太高。

请在数字 1 ~ 5 中选择合适的数字填写在下面的空格内：

每人每天主要摄入的食物总量在 10 个网球大小。其中：_____ 个网球大小的肉类，_____ 个网球大小的主食（米、面、谷类等），_____ 个网球大小的水果，_____ 个网球大小的蔬菜。

▶ **控制时间**：这里同样要注意控制答题时间，空格和选项不要设计得太多，要确保学员能够在 30 ~ 60 秒钟内完成。

4.2.4 判断与挑错

判断题、挑错题特别适用于一些零散琐碎的知识点，或是学员有一定过往经验的内容。例如，前面讲到的商务礼仪的例子，商务着装的注意事项内容相对较多，而且比较零散，逐一讲解会很枯燥，同时学员或多或少在这方面是有一定经验的，这时可以通过判断题或挑错题的方式来进行互动设计。

另外，它也适用于一段内容讲完之后，如果讲师想看看学员是否能够记住、能否回忆得起来，这时就可以用判断题、挑错题的方式进行评估。

这类题型的互动设计仍然可以通过平台的聊天框、注释标记、文本框等功能进行。

▶ **方式一**：聊天框

请学员用"对、错、错、对"的方式，将答案直接写在聊天框里。

▶ **方式二**：注释标记

请学员用对错号，直接将答案标记在屏幕上，如图 4-19 所示。

图 4-19　用"标记"功能判断对错

除给出内容让大家判断对错之外，讲师还可以给出一个错误案例或反面案例，让学员来找茬，旨在让学员找到其中存在的问题。

如下面几种方式。

▶ **方式三：文本框**

如图 4-20 所示，讲师在 PPT 上给出了一张不符合规范的着装照片，请学员挑出其中存在的问题。同时，讲师给每个组画出不同的区域，请学员将答案直接写在本组的空格区域内。

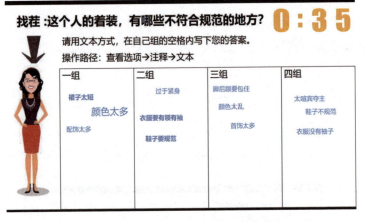

图 4-20　用"文本"功能进行挑错

或者讲师也可以请一半学员填写存在哪些问题，另一半学员填写应该怎么做，这样效率会更高，如图 4-21 所示。

▶ **方式四：画图标识**

讲师可以请学员使用"画图"功能，在给出的案例上直接进行标注、涂鸦。

如图 4-22 所示，讲师根据小组数量，提供多张不符合规范的着装照片，请大家找出各组图片中存在问题的地方，并直接使用"画图"功能进行标注。

/ 第 4 章 / 互动创新

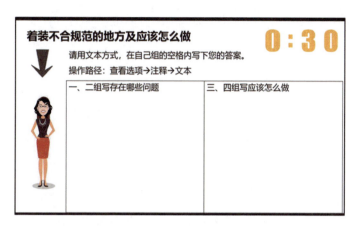

图 4-21　用"文本"功能进行挑错并勘误

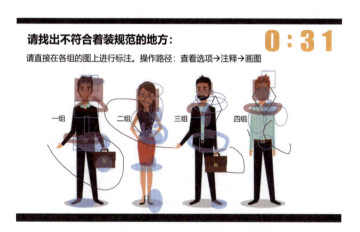

图 4-22　用"画图"功能进行挑错

▶ **方式五：肢体投票**

判断题不仅可以让学员在屏幕上进行涂写，还可以请学员运用肢体方式进行投票。讲师可以邀请所有人打开摄像头，逐一读出每个选项，学员通过动作做出判断。对于正确的选项，学员可以用两只手竖起大拇指来表示；错误的选项，可以两手交叉摆成"×"形。

4.2.5 连线

连线题也是直播互动时经常使用的一种题型。它特别适合于以下两种场景：一是分类性的知识，如垃圾分类、性格分类、区域分工等，把事物分为几个类型，每一类里面包含不同的内容，这时可以将大的类型与里面的内容进行连线、匹配；二是几大点几小点的知识，像我们在讲课时，经常会将一个知识分为几大点，每个大点里面又包含几个小知识点，如产品有三大好处，每个好处里面有一些具体的指标、数据，这时我们可以将大的知识点作为一列，将里面的具体细节作为另一列，请学员来进行连线。

在设计连线题时，我们可以使用聊天框、画图、文本框和传图文等方式进行。

▶ 方式一：聊天框

给两列内容标上不同的序号，如图 4-23 所示，左列按 A、B、C、D、E 标号，右列按照 1、2、3、4、5 标注，然后请学员将对应的答案写在聊天框中，如 A5、B1 等。

▶ 方式二：画图

聊天框一般适用于相对简单的连线题，常规情况下，连线大多通过平台"画图"功能中的直线来进行。内容可以设置为 2～3 列，选项既可以一一匹配，类似于单选题，如图 4-23 所示，也可以如图 4-24 所示，进行多次连接，类似于多选题。

/ 第 4 章 / 互动创新

图 4-23　用聊天框进行连线

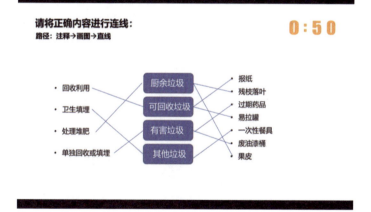

图 4-24　用"画图"功能进行连线

▶ **方式三：文本框**

连线题的另外一种变形方式是，可以将内容较少的一列做成表格，较多内容的另一列作为选项列在下方，请学员使用"文本"功能将答案直接写在空格里，如图 4-25 所示。

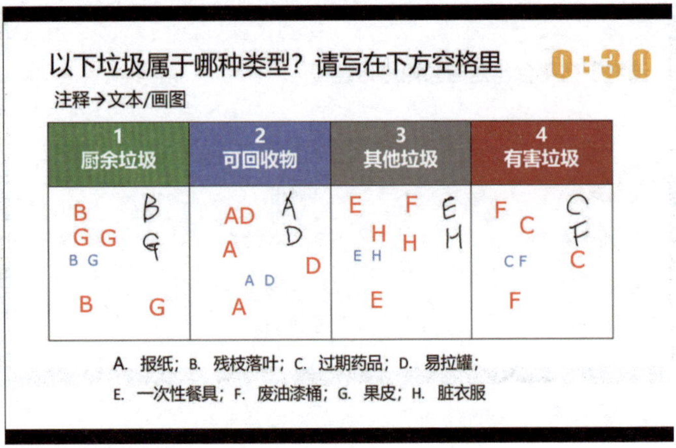

图 4-25 用"文本"功能写出答案

▶ **方式四,传图文**

同样,连线题也可以先请学员在教材上进行连接,然后拍照上传或打开视频进行展示,从而让课堂更加具有动感。

在设计连线题时,可以设置干扰项,增加答题的难度,也可以设置趣味项,增加课堂的热度。同时也要注意答题时间,因此选项设计不要太多,要确保学员在几十秒钟内可以回答完毕。

4.2.6 排序

排序题经常用于一些流程类内容的讲解。讲师可以将流程顺序打乱之后,请学员将正确顺序填写在聊天框里或是使用"文本""画图"功能,请学员直接将答案在页面上进行标识。

▶ **方式一:聊天框**

请学员将正确顺序填写在聊天框里。例如:

请将绩效调薪的流程按照正确顺序填写在聊天框里：

a．年度薪酬预算及方案与部门/城市沟通

b．与员工沟通调薪结果

c．对整体调薪明细进行汇报审批

d．各部门/城市逐层沟通调整原则并实施调薪

e．执行调薪结果，按调整后薪酬发薪

f．年度薪酬调整预算及方案汇报、审批

▶ **方式二：屏幕标识**

请学员用"注释"功能直接在屏幕上填写出正确的顺序，如图 4-26 所示。

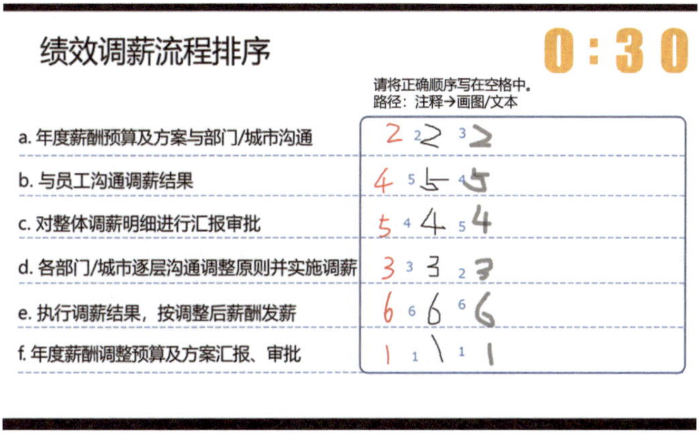

图 4-26 用"注释"功能进行屏幕标识

▶ **方式三：传图文**

同样，我们也可以请学员在教材里填写完之后，拍照上传或打开视频进行展示，让大家能够看到彼此的答案。

4.2.7　开麦接龙

接龙题特别适合用于一些发散性问题,这些问题的答案往往是比较多元的,答案数量非常多。如针对"直播与线下培训的差异",这种问题每个人有自己不同的想法,答案会有很多。另外,它还适用于头脑风暴的环节,如果希望大家给出更多的答案,就可以采用开麦接龙的方式,请各组每次说一条,不能重复,最终看哪个组说得最多。

接龙时为了增加趣味性,还可以设计小组竞赛的方式,邀请学员开麦。因为有竞争性,且每人发言时间很短,所以学员的参与度会相对较高。

具体操作方式如下。

(1)请每组组长指派一位小组发言人(发言人要找一个相对安静的环境)。

(2)给出需要头脑风暴的题目,如"直播培训与线下培训的差异",给大家几十秒钟时间,请所有人用"私聊"的方式将自己的答案发给小组发言人。

(3)每组发言人同时开麦,每人说一条,不能重复,在发言人开麦的同时,鼓励大家继续通过私聊的方式给发言人贡献更多的想法。

(4)内容重复或接不上的小组淘汰,坚持到最后的小组获胜。

在使用开麦接龙进行互动时,需要注意以下三点事项:事前做足准备、事中把控节奏、事后给予奖励。

(1)事前做足准备。因为要有人开麦,为了降低发言人的压力,并且这个接龙活动是全体参与而不是个人参与,所以讲师在进行活动之前要完成下列事项。

▶ **提前约定开麦人选**:在活动之初就明确好每组谁来发言,可以请组长指定,也可以采用有趣的方式来选人。提前约定的好处是:给发言人时间准备答案,调试设备,并进入一个相对安静的环境,从而降低开麦时设备方面的干扰。

▶ **所有人参与作答**:前面30秒钟时间,是给所有人思考、回答、参与的时间,大家都要去写答案,只是发送的途径从聊天框的"公聊"变成发给某个人的"私聊",从而让这个互动成为一个集体互动,而不是只有发言人参与的互动。

▶ **团队作战降低压力**:有了团队成员"私聊"提供答案,这时发言人的表述就不仅代表自己,而是代表团队。如果他答得不多或不准确,那是团队提供的"弹药"不足,这可以帮助发言人减少心理压力。

(2)事中有节奏。接龙时要调整难度、把控节奏、快速记录,让整体节奏简洁明快、张弛有度。

▶ **调整难度**:接龙时前两三轮往往以鼓励为主,鼓励发言人敢说、愿说,但后面几轮就要开始提出挑战,有重复的、不合适的答案都要剔除,同时告诉所有人要继续给发言人"私聊",提供素材和答案,提醒大家这是团队作战,目的是激发小组的斗志,让所有人持续参与。

▶ **把控节奏**:一般接龙活动总时长控制在三五分钟,时间太短,对大家的挑战和刺激不够;时间太长,很多学员就要开始走神了。所以讲师要规定每个发言人每次只说一两句话,如果发言人表达比较啰唆，讲师可以打断并快速确认他的意思，同时在后面几轮要加大难度，快速淘汰掉一两个小组，之后看时间差不多就可以结束了，不一定只有一个获胜小组，可以多组同时获胜。

▶ **快速记录**：接龙时讲师要在平台的"白板"或空白文件上及时记录关键词并共享屏幕，如图 4-27 所示，或者使用另一台设备登录，用油性笔或彩笔在白纸上进行记录并将其设置为焦点视频（如图 4-28 所示，具体做法见第 2 章白板部分的操作），并将讨论结果及时进行视觉呈现，确保所有人不但听到，还能看到，便于学员及时跟上进度，共同完成头脑风暴。

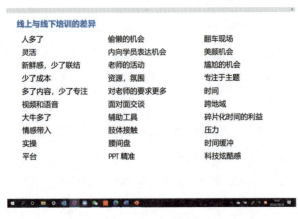

图 4-27　在空白文件上记录讨论结果

（3）事后给予奖励。接龙活动一般以小组为单位进行，以推动小组之间的竞争。因此结束之后要及时给予奖励，无论是口头表扬、积分奖励，还是其他方式，要让大家有成就感。

开麦接龙与常规三五十秒钟的直播互动相比用时较长，气氛也会比较热烈，它很适用于需要让场面热起来的环节，如开场环节、希望大家尽快参与、融入；或者在比较沉闷的时候希望调节气氛时都可以使用这种方式。但也因为它用时稍长，所以一次直播中使用该互动方式的频率和次数不能太高。

图 4-28　用白纸作为线上白板

使用开麦接龙时要注意，如果多位学员在同一个会议室或同一空间内参加直播，麦克风和听筒很容易引发啸音。如果需要学员开麦，讲师事前要告知大家在同一空间内只有一台设备可以开麦和打开声音外放，其他人要让电脑外放静音，同时麦克风也要静音。

4.2.8　分组讨论

对于一些体验类、实操类等需要强互动的直播，可以采用分组讨论、分组练习等互动方式，讲师可以将学员进行随机分组或手动分组。这两种方式的区别类似于在线下教室里，学员来了之后是随便坐还是按照桌上摆好的桌卡来坐。

▶ **随机分组**：讲师可以决定分为几个组，系统会自动将学员按照合适的数量分入不同小组，小组成员是随机生成的。

▶ **手动分组**：往往是课前就将学员分好组，在学员上线后，由助教根据分组情况，将每个人手动分配到相应小组里面。

创建讨论组的方法如图 4-29 所示。

图 4-29　创建讨论组

线下培训时，分组讨论是非常常见的互动方式，由于所有人在同一个教室里面，有什么问题讲师能够马上发现并及时干预，但直播分组经常会面临如下问题。

▶ **讲师难监控**：因为大家进入不同的会议室，类似于线下培训时大家分别坐在好几个房间里，讲师一人很难同时关注各个房间的学习进度，所以对于每个房间里实际有多少人参与、参与的程度及讨论的深度都很难把控。

▶ **学员有偏差**：讨论时，学员常常会有些发蒙，因为忽然进入一个新的会议室，讲师分享的 PPT 也看不到了，人也换了，这等同于是一个新的环境，大家往往谁也不愿意先开口；而且如果讨论的题目或任务稍有复杂，学员还很容易造成遗漏或理解偏差，最终导致"歪楼"，产出的成果与课程预期存有偏差；同时，由于分组讨论通常需要几分钟或十几分钟，且处于无人监控的状态，很多人往往会将讨论时间变成打电话、做杂事的时间。最终时间花了，效果却没达成，而且这个无效的环节还会导致很多学员流失。

所以，线上分组讨论时，如果人手充足的话，可以每组派名助教帮助讲师进行引导，但如果没有那么多人手的话，讲师就必须在分组讨论的事前、事中、事后多做一些工作。

1. 事前：明确任务和范例、人员和分工、时间和约定

（1）任务和范例。直播中永远不要高估学员的理解力，很多话讲师觉得自己反复强调过，但学员未必真的听到；讲师觉得已经说清楚了，学员未必真的听明白了，更何况同一句话还经常有多种解读。

举个例子来说，"咬死了猎人的狗。"这句话究竟是说猎人的狗被咬死了，还是说一条狗把猎人咬死了？所以，光靠说，很难保证所有人都能听懂、跟上。因此，直播分组之前，讲师不但要说清任务，还要写下来发给学员，甚至还要提供一些范例帮助其更好地理解。

▶ **写清任务**：讲师要把小组讨论、演练步骤、流程及要求写在课件上，让学员边听边看；同时因为进入分组之后，大家就看不到讲师共享的文件，所以讲师还要把写有讨论要求的页面进行截屏，并发到微信、钉钉等学员都在的直播群里，确保大家进组后仍然可以看到要求，避免遗忘或疏漏。

▶ **提供范例**：为保证讨论、演练更加充分，而不是走过场，

讲师最好举个例子带学员简单过一遍，或现场做个示范，让学员知道流程、要求，并对要产出的成果进行可视化呈现，或者也可以把范例写在学员手册中，以便学员讨论时翻阅参考。

（2）人员和分工。

▶ **人数合理**：一般直播分组讨论时，每组人数控制在 4～5 人比较合适，如果人数太多，往往会有人不说话、不参与，甚至直接下线；如果人数太少，又经常会出现直播时因有学员临时不在线，分组后有可能一个组里实际在线的只有一两个人的情况，导致根本无法进行讨论。

▶ **分工明确**：直播分组讨论时，由于讲师无法关注到各个小组，所以这就要求每组里面得有人承担相应的责任。每组除可以请组长或引导员统筹负责之外，还可以设置计时员、记录员、发言人等，让大家都有事可做，让小组群策群力完成任务。

（3）时间和约定。

▶ **约定时间**：约定好讨论时间和提醒时间，并告知大家提前几分钟会在系统中进行提醒，请大家关注广播，注意看时间提醒等，如图 4-30 所示。

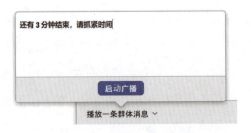

图 4-30　设置分组讨论提醒

▶ **约定求助**：告知学员，如有问题可以使用平台的"请求帮助"按钮及时求助，讲师看到求助信息会第一时间入组，如图 4-31 所示。

图 4-31 分组讨论中的"请求帮助"按钮

2. 事中：关注各组、把控时间

（1）关注各组。小组讨论开始时，讲师要快速在各组轮转一遍，确保各组讨论能有序无偏差地进行，而不是陷入懵圈或"放羊"的状态。在转完一圈之后，讲师可以在各组分别旁听一下，给出有价值的指导、建议和帮助。

（2）把控时间。分组讨论时，主持人可以在结束前发布全体广播，提醒大家尽快完成。但有的平台上广播的字体比较小，且只停留 5 秒钟左右，经常被人忽略，所以最好隔 5 秒钟再发一遍，真正起到提醒的作用。

3. 事后：盘点、引导、激励

（1）盘点。因为分组讨论的时间相对较长，过程中难免会有人离开或处理个人事务，所以结束分组讨论后，讲师可以请大家开一下摄像头，或是出个简单有趣的题目让所有人在对话框中回答一下，看看学员是不是都回来了，其目的是要给学员传递一个信息——直播培训也是会时刻"查岗"的，大家需要时刻保持在屏幕前的状态。

（2）引导。小组讨论之后，讲师可以通过以下三种方式进行结果的引导。

▶ **方式一**：请每组派代表分享讨论成果。分享时，讲师可以使用开麦接龙的方式，既快速又有竞争性，或者是规定发言人的时间，请每个组只讲 1 ~ 2 个点，在 1 分钟内讲完，避免这个环节费时太久。

▶ **方式二**：找 1 ~ 2 个人分享讨论结果，讲师进行反馈。例如，小组讨论前就告诉学员，最快完成讨论并且返回的小组可以享受"特权"，即讨论结束后，请最快完成的小组来指定某 1 ~ 2 个组派代表发言。这样做的好处是，既节省时间，又能鼓励大家高效完成讨论任务，且可以给效率最高的小组以奖励。

▶ **方式三**：上传讨论结果，讲师直接点评反馈，即各组将讨论成果通过拍照或文件上传等方式，上传到平台或提前建好的微信群、直播群里，确保所有人都能实时看到，讲师可以在里面挑选有代表性的讨论成果进行实时反馈。

（3）激励。在小组分享讨论成果之后，讲师还要设立一些奖励机制，将及时性的小福利或小抽奖给到人齐的小组、讨论成果好的小组，以及担任组长、计时员、记录员、发言人的学员，激励的范围可以放宽一些，目的是让更多人感受到鼓励，有成就感，有喜悦感。

虽然直播分组讨论会有盲区，以及诸多不可控因素，但只要讲师把每个步骤都想到位，且站在学员角度去思考每个环节可能存在的问题和风险，并提前做出解决问题的预案后，分组讨论仍然能够非常有序且有效地进行。

4.2.9 小结

讲师在设置线上互动方面的共性要求是小而清,如图4-32所示。

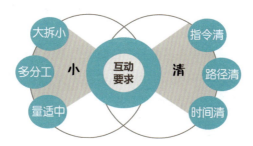

图 4-32 线上互动的共性要求

1. 小

除小组讨论等互动方式外,直播中的大部分互动都要求学员在几十秒钟内做答,从而让互动节奏更快,频次更高。因此在问题设置上,小问题、小互动是最常见的,讲师在布置要求和设计互动时要注意以下几方面。

▶ **大拆小**:把太大的问题拆成小问题,确保学员几十秒钟内能回答完问题。

▶ **多分工**:避免一次让学员回答多个问题,如有多个问题,可以给各小组进行分工,让每组回答不同的问题。

▶ **量适中**:选择题、判断题等选项数量要适中,能让学员在几十秒钟内能读完、读懂,给出答案。

2. 清

由于讲师很难看到每个学员的听课状态,因此在布置任务时要格外清晰，确保每个学员都能知道接下来要做什么，要怎么做，确保步调一致，不掉队。

▶ **指令清**：把指令讲清楚，将关键点写在课件上，对于复杂的要求，讲师还需要举例、示范。要让所有人都能听明白，不然学员的参与性会打折扣。

▶ **路径清**：每个互动使用平台的什么功能，要在课件上写清楚，如果使用非聊天框的功能时，还要在屏幕上标注清楚具体的操作路径，避免有人不会使用。

▶ **时间清**：互动时要在屏幕一角放置计时器，让学员在规定时间内完成，如果是小组讨论无法看到计时器时，讲师需在结束前进行广播提醒。

最后，笔者将直播互动的八类方式的具体操作方式、需要使用的平台功能以及适用场景总结成一张表，如表 4-1 所示。

表 4-1　平台互动的八种方式及操作事项

八　　法	操 作 方 式	适 用 场 景
问答	▶ 聊天框 ▶ 文本框 ▶ 传图文	几乎所有场景都适用
选择	▶ 聊天框 ▶ 平台投票 ▶ 注释标记 ▶ 颜色标识 ▶ 视频投票	几乎所有场景都适用
填空	▶ 聊天框 ▶ 注释标记 ▶ 文本框	概念、原理等知识讲解

续表

八　　法	操 作 方 式	适 用 场 景
判断与挑错	▶ 聊天框 ▶ 注释标记 ▶ 文本框 ▶ 画图标识 ▶ 肢体投票	零散琐碎的知识点，如一些注意事项 学员有过往经验的内容
连线	▶ 聊天框 ▶ 画图标识 ▶ 文本框 ▶ 传图文	包含几大点、若干小点的分类性知识
排序	▶ 聊天框 ▶ 屏幕标识 ▶ 传图文	流程类知识
开麦接龙	▶ 私聊 ▶ 开麦	▶ 发散性的，答案数量较多的问题 ▶ 头脑风暴 ▶ 需要热场的环节
分组讨论	▶ 随机分组 ▶ 手动分组	体验类、实操类知识

4.3　五感驱动激活学员

基于直播平台可以设计多种多样的互动方式，但如何用好这些方式，并能够激发学员参与的意愿，对讲师来说是至关重要的。学习从来不是一件容易的事情，激发每个学员全身心地参与、投入，对讲师来说非常有挑战性，尤其是当学员与学员、学员与讲师都不在同一个物理空间时,这项挑战就变得更为艰巨。

线下互动是三维立体的,大家可静可动,可坐可站,可两两一组,可多人一群。而直播互动由于屏幕的存在,多数时候学员都是紧盯屏幕,在电脑上写写画画,互动仿佛变成了二维平面的,这样的互动无论是从持续时间还是从交互力度上显然都是不够的。因此,为能让直播互动也能三维立体化,我们在设计互动时就要思考学员线上的学习习惯,并运用脑科学的相关研究成果,尝试调动学员的五感,即用新奇感激活学员参与,用运动感保持兴奋状态,用归属感推动学员交互,用成就感带来内心愉悦,用节奏感把控课堂氛围,从而让直播互动有趣、有效。

4.3.1 用新奇感激活学员参与

大家遇到过这种情况吗?直播时,课程刚开始参与互动的人往往还相对多一些,但越到后面参与的人越少,而且回答问题的往往是固定的三五个人,很多人始终处于游离状态,有的学员甚至全程不参与。为什么会出现这种情况?这是因为人的大脑不喜欢枯燥的、重复的、无聊的事情。因此,如果想要调动学员参与的积极性,我们需要在互动之前设计一些激活因素。

举个生活中的例子,来看以下两个问题。

问题一: 你能回顾起你每天在公司所乘的电梯里的地板是什么颜色吗?

问题二: 你在读这句话之前,有刻意注意到过平日自己的脚摆放在什么位置吗?

我们每天或许都乘同一部电梯上下楼，在电梯里总有几十秒钟的无聊时间，循环往复，却很难对电梯地板的颜色形成印象。我们每天都在使用自己的双脚，但当不去用它们的时候，则完全不会去关注它们的方位状态。什么时候会形成印象？是不是当电梯换了一块新的、不同颜色的地毯，脚被磕了碰了感觉到疼的时候，才会意识到它们的现状？也就是说，只有当事物与以前不一样时才会激活我们的大脑，让我们去主动看到、感受到它们的样子。因此，如果直播课上总是千篇一律的问答形式，学员自然提不起兴趣参与，但如果能够激活他们对事物的新奇感，其对直播课的兴趣和参与度自然就会大大提高。

因此，在直播时，首先我们先要确保互动形式是多样的、有变化的，能始终让学员有新鲜感，要避免总是用一种方式问来问去，在聊天框里写来写去。具体来说，我们应注意以下几方面的问题。

▶ **题型多变**：变换题型，将问答、选择、填空、判断等多种题型在互动中穿插使用。

▶ **功能多变**：使用多种平台功能，如聊天、文本、画图、标记、涂色等不同平台功能，将具名、匿名等不同互动模式轮翻使用，增加互动的变化与多样性。

▶ **平台多变**：直播时除使用直播平台提供的功能之外，还可借助其他平台工具，如在微信群中上传图片、资料；使用石墨文档、飞书等工具同步修改文件等，这种方法既能够增加学员的新奇感，也能有效整合不同平台资源，为直播提供更多功能。

其次，我们还要在互动之前设置激活因素，先激活学员的新奇感,再布置任务。那么,如何在直播互动中设置激活因素呢?来看下面的例子。

1. 激活活动——云茶点

直播时,在下午茶时间段,讲师给出了如图4-33所示的图片,请学员选一杯自己喜欢的下午茶,并将选择结果写在聊天框里。

图4-33 用下午茶作为激活因素

在大家写完之后,再出现下一页PPT,每个饮品背后都代表一道不同的问题,请学员对自己选择的题目进行作答,如图4-34所示。

图4-34 激活之后给出互动问题

通常大家在选择美食时都会非常踊跃,班级绝大多数人都会快速完成投票,甚至经常有人选择多个答案,这时讲师就可以抓住这种"贪心"的学员，开玩笑地说："人要为自己的选择负责任，别人只要回答一道题，你得回答全部。"接下来在出现下一页题目之后，大家就会边写自己的题，边看那个进行了多项选择的人如何作答，课堂气氛会非常活跃。

通常设置的选项可以是美食美味，如水果、大餐；可以是美景美图，如沙滩、高山；可以是动物萌宠，如猫猫、狗狗……总之，一切美好的、让人心情愉悦的、大家愿意选择的事物都可以放在这里。

通过这个活动，先吸引所有人的参与，再请大家回答问题。这个活动有以下几个好处。

▶ **参与度高**：选择一杯下午茶，这样的活动既让人心情愉悦，又不会有任何压力，一般学员都不会拒绝，几乎所有人都会快速写出答案或写出自己想喝什么、不想喝什么。但凡前面做出了选择，到了回答阶段，大家也都愿意继续回答，愿意贡献自己的想法。

▶ **交互度深**：这个环节通常氛围很好，大家会在对话框里聊很多开心的话题，例如，有人会说自己只想要保温杯泡枸杞，有人会发表对"贪心"同学的同情等，边笑边聊边作答，学员之间的交流感越来越强；同时活动中还专门设置了给其他人点赞的环节，推动学员主动关注彼此的答案，形成交互，被点赞的人在这个环节中也会获得成就感，这时班级的氛围会非常愉悦，交互也会非常充分。

▶ **深入全面**：通过激活所有人的参与，而且请大家从不同维度贡献想法，最终形成的答案有时会比讲师原本准备的内容还要深入、还要有价值。这时讲师完全可以在大家头脑风暴的基础上再进行总结、引导、深挖，对课程内容进行更深入的讲解。

之所以大家愿意参与互动，其背后的原因就是新奇感。《让大脑自由：释放天赋的12条定律（经典版）》[1]这本书里谈到："大脑不会关注无聊的事，在给学员布置任务之前需要设置"激活"因素，要"上饵"，而且"饵料"要能够触发学员的情感，这样学员才会更多地投入。"

因此，当我们想要吸引学员参与互动时，就需要为互动任务设置一个"激活按钮"或者投放"饵料"，先给一个非常简单且让人心情愉悦的选择，这时学员一般不会拒绝。而只要打破了他内心那道拒绝的屏障，就等于打开了后面参与互动的大门，这时再请他答题，他的意愿度就会提高很多。

这种方式在营销活动中也非常常见，经常见到很多厂商会先给客户一些赠品、好处，降低他的抵触心理，然后再向他介绍、推介产品。其实，直播培训也是一种营销，我们在营销自己的知识与想法时，也需要先用有趣的、能够激活学员新奇感的方式来吸引大家参与互动，然后再请大家进行深入思考和交互。

设置"激活按钮"的方式还有很多，如猜数字活动、选图形活动，这里给大家举一些例子。

2．激活活动——猜数字

回答问题之前，先让大家在1～5之间随便说个数字写在聊天框里，然后根据第一个人说的数字，再给大家布置要求，请每人写出几条答案。例如，如果第一个人说的是"3"，那么每个人要在

---

[1] 梅迪纳. 让大脑自由：释放天赋的12条定律（经典版）[M]. 杨光，冯立岩，译. 杭州：浙江人民出版社，2015.

聊天框里写出 3 个问题的答案。而刚刚所有写"3"的人，则可以享有"特权"，一方面监督大家是不是都写了 3 个问题的答案；另一方面对于他们非常认同的答案，要及时进行点赞、评价。

这样做的好处是，因为数字是学员自己说的，所以大家会在哈哈一笑之后去进行回答，课堂氛围会非常愉悦，而且还有人在这个环节帮讲师一起敦促大家完成，彼此还会相互点赞、认可，整个课堂都是学员在主导，大家能够各司其职完成不同的任务。

3. 激活活动——选图形

以"领导力"课程为例进行说明。在屏幕上出现九幅图片，讲师请学员从中选择一张他觉得最能够代表"领导力特点"的图片，在聊天框里写出自己的选择，并说明原因。之后，请大家在聊天框里找出"英雄所见略同"的知己。在下轮互动中，讲师可以专门请选择某张图片的"知己"们发表看法，从而让学员之间建立更加充分的联结。

所有这些活动压力不大，还很好玩，有新奇感、悬念感，让人心情愉悦。这种方式特别适合于用在以下场合。

▶ **开场、结尾**：这两个环节都需要快速吸引全体学员参与，引导学员形成交互与沟通，并营造轻松、愉快的学习氛围。

▶ **需要提升课堂氛围时**：如果课程上了一段时间，学员有些疲惫或困乏时，可以使用上述方式让学员瞬间被充能、激活。

▶ **需要进行头脑风暴时**：无论是远程会议，还是直播培训，我们都会遇到一些需要大家充分发散思维进行头脑风暴的环节，使用上述方式能够让大家更加投入，想出更多的点子。

4.3.2 用运动感保持兴奋状态

直播培训中,学员长时间盯着屏幕,不但容易出现视觉疲劳,大脑也会更加容易出现困顿状态,而肢体活动可以让学员减少疲劳,让大脑保持兴奋状态。《让大脑自由》[1]中谈到,每周进行两次有氧运动,可以将罹患一般痴呆症的风险降低一半,可以将患阿尔茨海默病的风险降低60%。因为运动可以使更多的血液流向大脑,为大脑带来丰富的葡萄糖作为能量,同时还能带走氧气吸附遗留下来的有害电子。此外,运动还能刺激蛋白质生成,促使神经元彼此连接。

David Sousa在How the Brain Learns[2]中也说到,仅仅是坐久了之后站起来这么一个简单的动作,就能让血液流动速度加快,让大脑的含氧量提升15% ~ 20%。

在线下培训中,讲师可以设计很多肢体类活动,如书写海报、两三个人一组站着分享学习心得等,通过肢体活动,让学员保持兴奋状态。那么直播时,如何在屏幕前引领学员动起来,增加直播的动感和兴奋度呢?我们可以通过互动设计让学员眼动、手动、身动,以此产生多种多样的肢体活动。

1. 眼动

我们都见过这样的直播:讲师不出现在屏幕上,屏幕播放的课件里呈现出一大篇文字、一大堆复杂的内容,讲师要喋喋不休讲很

---

[1] 梅迪纳. 让大脑自由:释放天赋的12条定律:经典版[M]. 杨光, 冯立岩, 译. 杭州:浙江人民出版社, 2015.

[2] David A. Sousa. How the Brain Learns. Corwin Publishers, 2016.

久才会切换到下一页。试想，多少人会有耐心一直盯着一个静态的、没有变化的、自己几十秒钟就能看完的页面，而听另一个人喋喋不休地讲很久呢？这时大家的注意力是很难集中的，学员手边大都会有另外一些更加动态、更有吸引力的东西在吸引他，如微信、邮件、淘宝等，所谓的直播只能变成一个背景音，学员能听多少、懂多少、会多少，那就无从知晓了。因此，直播动感的基本要求是要让屏幕有变化，让学员的眼睛动起来。

下面是让学员眼动的三条建议。

▶ **讲师有动作**：讲师可以打开自己的头像视频，通过肢体动作拉动学员的注意力。

▶ **课件有动感**：通过设置 PPT 动画，从一页内容同时出现，调整为讲一条出现一条，这样让学员与讲师的节奏保持一致，让学员在视觉上有变化。

▶ **视觉多元化**：用好白板、手写板等工具（见第 2 章"让视觉更多元"部分），让出现在屏幕上的元素更多样，让学员保持新鲜感。

2．手动

如果仅仅是眼动，学员还是有可能会处于游离状态，因此要让大家的手也动起来、忙起来，他们的大脑才能兴奋起来。而且，手动是将直播从屏幕上走到屏幕下，从二维平面变成三维立体的关键。通常我们可以在直播时让学员做这四大动作：写、画、传、投。

▶ **写**：讲师可以在教材上预留一些空白区域，让学员记录笔记。例如，可以将课程关键点做成填空，让学员边听课边进行记录；可以在每个章节后面预留一个让大家记录收获、感悟的地方,从而让学员的视野从屏幕转移到其他区域,如图 4-35 和图 4-36 所示。

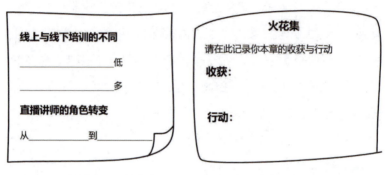

图 4-35　教材中设置填空题　　图 4-36　教材中预留总结思考区域

▶ 画:讲师可以在课前请学员准备一些报事贴和彩笔,课上带大家用一两分钟画一些点赞、打赏的图片。每次有学员在分享,或有小组获胜时,大家都可以拿出这些图片,在屏幕上随时给予鼓励、认可,如图 4-37 所示。

图 4-37　画图打赏

/ 第 4 章 / 互动创新

▶ **传**：讲师还可以请学员将一些练习、笔记、互动问题的答案写在报事贴上，拍照上传到直播群里，然后让学员从屏幕上转战到屏幕下，同时也在拍照、上传、相互传阅的过程中让学员动起来，兴奋起来，如图 4-38 所示。

图 4-38　在微信群里拍照上传

▶ **投**：有些互动可以请学员用肢体动作来进行投票。例如，请学员打开摄像头来做判断题和选择题，用竖大拇指和两手交叉的方式来判断对错；用不同的指头选择不同的选项等，如图4-39所示。

图 4-39 肢体投票

在前面的直播互动八种方式中，几乎每种互动方式下，笔者都给出了肢体投票等突破屏幕限制的互动做法，其目的就是在直播过程中让学员的身体保持兴奋，让越来越多的学员逐渐愿意打开摄像头，更多地参与到课堂当中来。

3．身动

在下午直播或直播时间较长时，学员容易出现疲倦和困顿，这时讲师可以设置一些充能活动，让学员的身体活动一下。

▶ **拉伸运动**：讲师可以找一些适合办公室进行的颈部、肩部拉伸视频，带领大家做一两分钟的拉伸运动，或者也可以将这种任务布置给学员，请学员带领大家来进行活动。

▶ **拍照活动**：在学员疲惫时，讲师可以请学员走到窗边，拍张窗外的照片；或者去倒杯水，拍张沿途的照片，并将照片传到群里，时间控制在两分钟以内。虽然是很短的一个小活动，但却既能让大家立刻调整状态，又能通过分享让直播课堂有了更多的话题，学员之间有了更多的交互。

▶ **肢体游戏**：如果学员在会议室或家里参加直播时，讲师还可以设置一些肢体游戏。如红黄蓝绿活动。其活动规则是：讲师发布口令：当说"红"的时候，全体起立；当说"黄"的时候，所有人都坐下；当说"蓝"的时候，要做出与上一个动作相反的动作；当说"绿"的时候，要做出与上一个动作一致的动作。

肢体活动：红黄蓝绿

▶ 红：起立

▶ 黄：坐下

▶ 蓝：与上一个动作相反

▶ 绿：与上一个动作一致

活动刚开始时可以相对简单，但后期就可以逐渐增加难度，而且还可以增加竞争环节，获胜的学员还可以获得奖励等。但要注意的是，这个活动适合大家在会议室或在家里参加直播的场景，如果是在办公室边工作边听直播，这种动作幅度太大的活动会让学员担心自己在公众场合举止怪异。

直播时让学员眼动、手动、身动等做法，除可以让大脑保持兴奋感，减少疲劳困顿之外，还能够让学员彼此看见，即借着肢体活动,让学员打开摄像头,让大家能够看到彼此,这种视频交流在情感传递与相互影响上面要远远好于冷冰冰的文字,它能够打破线上二维平面的感觉,实现三维立体的交互,而且这种彼此看见其实也给了学员一种约束,即直播时大家是要经常打开摄像头的,课堂对大家是有要求的,不是完全随心所欲的,从而减少大家做私事的概率。

让学员手动、身动的做法,建议每 20～30 分钟可以进行一次,既可以帮助学员消除疲惫感,同时也能推动课堂气氛更加活跃、热烈。

4.3.3 用归属感推动学员交互

丹尼尔·L. 施瓦茨在《科学学习:斯坦福黄金学习法则》[1] 中提到,归属感是一种在团体中被接纳、被重视、被包容的感觉,对于学习而言,归属感可以让人全身心投入,不受负面情绪干扰。线上直播由于人与人之间受到物理空间阻隔,学习者更需要激发自己坚持的意志,而归属感能推动彼此相互激励、更多投入。

因此,在直播时我们可以将大家分为不同的小组,并制定相应规则,逐步形成竞争感、合作感,最终形成对小组和班级的归属感。具体来说,讲师可以通过下列操作来帮助学员建立归属感。

1. 课前:分组 + 编学号

讲师可以和运营助理一起在课前给大家分好小组,根据分组情

---

[1] 施瓦茨, 曾, 布莱尔. 科学学习:斯坦福黄金学习法则 [M]. 郭曼文, 译. 北京:机械工业出版社, 2018.

况给每人设置一个学号,并提前告知学员。例如,1-A 张三、2-B 李四。其中的 1、2 等数字代表他归属于不同小组,A、B 等字母代表他是小组里面第几个人。

编学号的好处是:一方面,如果平台支持分组讨论功能,讲师或运营助理可以快速根据大家的学号将学员分到不同小组里面,操作起来非常方便快捷,避免一个一个查人名所在小组等;另一方面,可以在课上形成不同的临时小组,让班级交互更充分。例如,讲师在课上布置任务时,可以请每组的 C 号同学一起回答某个问题,D 号同学讨论另一个问题等,让课上的互动操作可以多种多样。

2. 课初:改名字 + 说规则

在学员陆续上线或课程刚开始时,讲师要提醒学员及时改名,让其将平台显示的姓名改为:学号 + 真实名字,如 1-A 张三,以便为课上互动进行准备。同时还要快速选出组长,选组长的方式多种多样,可以在课前提前指定,也可以在课上快速选出。例如,可以选"大人"作组长,即请学员写出自己的生日月份,月份最大的那个人是组长,或者选"高人"作组长,身高最高的那个人做组长等。

课程之初,讲师还要说清楚小组的积分制度和竞争规则。积分制度和竞争规则其实体现的是讲师对大家课上行为的要求,因此我们要想清楚学员哪些行为是应该受到鼓励的。例如,对积极参与互动有关的行为奖励积分,包括最快答题、答对问题等;对主动思考有关的行为奖励积分,包括课上大家随时在聊天框里提出与课题相关的想法或疑问;对相互帮助有关的行为奖励积分,包括主动回答其他同学在聊天框里的提问等,如图 4-40 所示。

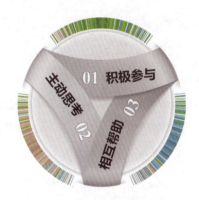

图 4-40　积分设置原则

通过积分方式，鼓励学员在课上积极参与、主动思考、相互帮助，这个过程本身就有助于大家建立团队的归属感。但在制定积分规则时要注意以下事项。

▶ **避免过于复杂**。笔者见过有的讲师列出十余项可以获得积分的方法，而且有的地方加 1 分，有的地方加 3 分，有的地方加 5 分，规则过于复杂，学员容易产生迷惑，这样反而事与愿违。

▶ **强调团队积分**。如果只是给个人记录和增加积分，有时学员会容易放弃，但是团队积分和集体荣誉感是很能够激发学员斗志的。我们身边有很多这样的例子，例如，玩游戏时，如果中途有事，若是单人游戏，很多人往往会先关掉游戏去处理突发事件，但如果是多人游戏，临时下线会连累团队的成绩，引发队友的不满，这时很多人就会选择先玩完这一局再去处理私事。

直播也是如此，大家在线上无法面对面在一起听课时，更要增加团队内部的黏性，更要让大家的凝聚力更强，让团队成为激励大家投入和参与线上互动的重要因素。

3．课上：竞争合作 + 变化重组

直播中的很多活动都可以通过小组方式进行，有些平台本身就带有分组讨论功能，可以直接在平台上进行（小组讨论的做法及注意事项见 4.2.8 节），有些平台不具备该功能，甚至只有聊天框功能，此时我们仍然可以用小组方式提升团队的归属感。

仍以"线上与线下培训有哪些差异"这个题目为例。讲师可以请每组的 A 号同学先在对话框里写个 1，确保本人在线，然后请小组所有人在 40 秒钟内将自己的想法用私聊方式发送给 A，由他来负责收集、整理，40 秒钟后 A 要将本组答案复制上传到平台上，看哪个组在有限时间内贡献的想法最多，优胜小组即可获得高额积分。或者也可以由讲师约定一个数字，比如看哪个组能够用最快的速度以私聊方式收集到 10 条线上与线下的差异，哪个组便能够获得积分等。通过这种方式，鼓励大家在小组内部建立交互，小组之间形成竞争。

为了加强学员的投入度，讲师还要及时公布各组积分。如，每次课间休息时或课程的一个阶段完成时，将各组的积分情况用屏幕共享出来，从而激发大家更多地进行参与。

在小组交流的过程中，讲师也要注意互动方式的变化和调整，力争让每个人都承担更多的责任，让小组之间有更多的合作，让整个班级的黏性越来越强，包括每次变换不同的负责人，避免每次都是组长负责，其他人旁观；尽量让每个人都在小组内承担相应责任，学员承担的责任越多，他们的自主性和参与度也就越强；同时，组与组之间也要实现更多交互，例如，获胜小组有权指派其他小组的

人进行发言，可以点评其他小组的成果等，从而让小组之间建立更多良性的、有价值的互动。

另外，讲师还要通过多样化重组，鼓励并创造机会让学员与更多的、不同的人在一起交流。多样化重组的方式有很多，例如，可以按照每个人在组里的序号进行重组，即所有序号为 A 的人临时分为一组，序号为 B 的人临时组成一组；也可以用云茶点或选水果等方式，请每人任选一种水果，选同一种水果的人组成一组等。

通过上述方式，让学员之间形成相互鼓励、相互竞争、相互帮助的氛围，而学员之间的这种交互可以大大削减每个学员单独在线带来的孤独感，对推动每个人的投入、参与可起到至关重要的作用。

4.3.4　用成就感带来内心愉悦

学习的快乐很大一部分来源于成就感带来的愉悦心情。如何在直播过程中帮助学员获得成就感？有三种常见方式：给他机会发挥经验、给他机会掌控课堂、给他及时认可关注，如图 4-41 所示。

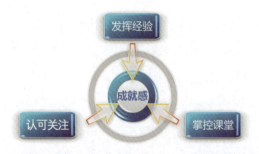

图 4-41　让学员获得成就感的三种方式

1. 发挥经验

对于讲师要讲的且学员已有经验的内容，可以通过互动先来"考一考""试一试""练一练"之后再进行讲解。在这个过程中，一方面能让课堂的针对性更强，避免将学员已会的内容再重新讲一遍；另一方面也能让学员通过发挥过往经验，觉得知识点不难，自己也了解一二，从而获得一种成就感和满足感。

2. 掌控课堂

讲师可以在课堂的开场或重要章节的开始，将接下来要讲的核心内容列出清单，请学员将自己感兴趣的内容写在聊天框中，或直接用画图方式在屏幕上进行标注，如图4-42所示，通过这种方式能够让学员感到自己对这个课堂的影响力和掌控力，同时也能让讲师的授课重点更加符合学员的需求。

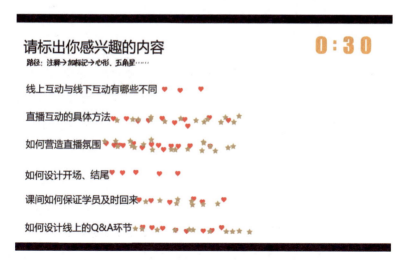

图 4-42 让学员选择自己想听的重点内容

3. 认可关注

讲师要对学员的参与、分享进行及时的认可关注，同时还要创造机会让学员相互认可、相互点赞。具体做法如下。

▶ 念学员的留言时要读出学员的名字，并及时给予认可

先举个例子，如果你是学员本人，讲师的以下三种做法，哪种方式更让你有成就感？

做法一——讲师说："谢谢大家的发言。有同学说，他喜欢的导师是能够耐心倾听的。有同学说，他喜欢的导师是……"

做法二——讲师说："谢谢大家的发言。张朝晖说他喜欢的导师是能够耐心倾听的。王倩说她喜欢的导师是……"

做法三——讲师说："谢谢大家的发言。张朝晖说，他喜欢的导师是能够耐心倾听的。的确是这样，我也喜欢愿意耐心倾听的人，这让人感觉受到尊重……"

如果你是张朝晖，哪种方式更能够激发你更多地参与课上的发言及互动呢？显然第三种方式会让当事人心里更舒服，更有成就感。

在与学员互动时，讲师需要念出学员的姓名和留言，并及时给予认可。读出留言是每位讲师都可以去做的事情，但读留言的同时要注意先说出学员的名字。不要小看这样一个简单的动作，听到自己名字被念出的那一刻，学员内心一定是有波动的。就像老板在公司里当众表扬员工时，一种说法是："有些同事指标达成率很高，我们要向他学习"；另一种说法是："张朝晖的指标达成率很高……"第一种说法，对于当事人来说，不但起不到表扬、鼓励的作用，他

甚至心里还会犯嘀咕："有些同事是谁？"而第二种点名式的表扬认可，对于被点名的人来说是一种尊重和认可。同时，在读出名字和留言之后，对于部分留言中对全班有价值的地方或值得关注的内容，讲师还要及时给予认可。这件事并不难，但直播时往往会看到很多讲师只是念出学员留言，然后尽快衔接到自己的课程中，这会让学员觉得自己是这个课程的"工具人"，这些互动是在走过场，是为讲师后面要说的话服务的。长此以往，参与的人便会越来越少。

在互动时，讲师一定要做到眼里有人，真的愿意去主动关注大家谁发言了，大家都说了什么，里面有没有一些很有道理的内容，我们不但要看到，还要及时给予认可，并引导大家能从彼此的分享中获益。

笔者的体会是：直播是个强互动的过程，讲师越能够从聊天框中抓取相关信息，将这些信息与课程建立联结，通过这些信息拉近与学员的距离，学员的成就感就会越强，参与度也就越高，整个班级的课堂互动氛围就会越来越形成一种良性循环。

▶ 给予学员认可的同时增加悬念感

讲师除可以在进行互动活动之后，给予获胜小组、个人进行积分等激励从而让学员产生成就感外，同时还可以在课堂上设置抽奖环节，通过增加悬念感让课堂气氛更加热烈。

如图 4-43 所示，讲师先给出四个颜色的宝箱，请大家选择一个自己喜欢的颜色，每个颜色代表不同的奖项，之后进行开奖。图片下方出现四个奖项，有的奖项是给予积分，有的奖项是小组同学为他点赞，而有的奖项则是给予任务，比如，请获奖人员为全班设计合影造型等。

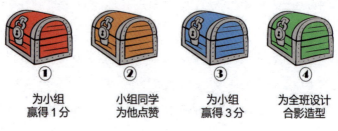

图 4-43　设置抽奖环节

这种抽奖活动的好处是：参与抽奖这件事本身就会让学员产生成就感，因为只有获胜的人、对班级有贡献的人才可以抽奖，同时奖项的不确定性和悬念感，更会让学员参与的积极性非常高。

在奖项设置时，除给予奖励之外，还可以布置任务让学员来完成。例如，为班级设计合影造型、在困乏时带大家做些伸展运动、帮班级整理并发放相关资料等。让学员在培训中承担更多的角色和任务，他们的参与感会更强，主动性会更高。而且任务完成后讲师还要给予学员更大的奖励和肯定，因为学员通过努力得到的奖励，往往能够让他们内心得到更大程度的满足感。

▶ 设计学员相互点赞的环节

讲师可以创造机会让学员相互点赞，例如，在上面的抽奖环节中，可以设置大家为获奖人员点赞的环节；再如，在之前的"云茶点"活动中，可将全班分为不同组，有人负责回答问题，有人负责对他人的问题进行点赞，让认可的来源更加广泛，讲师不仅要给予学员认可，也要在学员之间培养相互认可的氛围，而且这种认可是随时随地、反复多次出现的。

4.3.5 用节奏感把控课堂氛围

直播培训时，互动的节奏感是非常重要的，不能一直沉闷平缓，也不能一直亢奋激昂，直播互动要符合教学规律和线上学习习惯，做到起伏有度、游刃有余。如图 4-44 所示，我们可以用坐标轴方式来表示：横轴为时间轴，每 5 分钟作为一个计时单位；纵轴为感受轴，对学员的感受和参与程度进行打分，我们可以将学员的感受分为 -1 ~ 3 这几个不同的维度。

-1 分，学员觉得无聊，没有任何参与，这时通常做法是选择换台、一心多用或直接下线，导致直播很难产生效果。

0 分，学员觉得听不懂，或者觉得无聊，这时通常会开始犹豫要不要换台，要不要继续听下去。

1 分，讲师通过案例、故事、数据等具象方式进行讲解，内容对学员有一定的吸引力，学员能够听得懂、跟得上，但此时的他仍然是旁观者的状态，没有进行太多参与。

2 分，学员开始思考和参与，开始通过聊天框或文本框、画图等各种平台功能贡献自己的经验和想法。

3 分，学员逐步产生成就感、兴奋感，肢体投票、抽奖、小组活动等互动方式让学员之间产生了较强的交互与联结，课堂氛围热烈，学员的参与度很高。

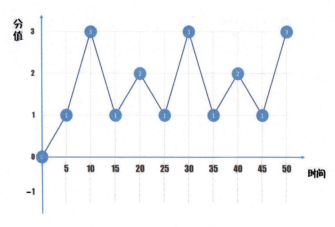

图 4-44　直播互动节奏

图 4-44 为理想的直播互动节奏。一般来说,在课程开场的前 10 分钟,讲师要激发学员的新奇感、归属感和成就感,让学员感受尽快达到 3 分的状态,对课程充满兴趣,对班级产生归属感,师生彼此之间建立交互。之后至少要保证每 10 分钟有 1～2 次互动、参与的环节,让学员达到 2 分状态,让他不至于产生要溜号、下线、换台的冲动。由于每 20 分钟左右学员就会容易产生疲倦、困乏,这时要设计一些有运动感和成就感的互动活动,让学员的大脑保持持续兴奋状态。在课程快要结束的环节,再次将学员感受提至 3 分,让学员有收获、有交流,有成就感和仪式感。

回到之前谈到的 Sandy 开发的薪酬课程,她将"定薪"这一章的内容拆分之后,在最右侧还增加了两栏:互动方式、感受分值,如表 4-2 所示。

根据这个设计,直播课堂的互动节奏如图 4-45 所示,节奏张弛有度,学员整体参与度很高。

表 4-2 案例:"薪酬"直播课程的互动方式及感受分值

内　　容		时长	互动方式	平台功能	感受分值
薪酬结构	定薪审批表里的专业术语解释,员工的薪资构成	5 分钟	案例讲解	聊天框	1
付薪原则	为什么定薪审批表里要有这些维度,招聘付薪时要考虑哪些因素	5 分钟	文本框问答	注释－文本	2
思考维度	什么样的薪酬范围是合理的,如果候选人的薪资超出薪酬范围,应该如何处理	8 分钟	连线案例讲解	注释－画图	2
常见问题	乱承诺的后果及口径话术	5 分钟	讲解	聊天框	1
	如果薪资吸引力不足,招不来人怎么办	7 分钟	小组讨论、连麦接龙	分组讨论多人连麦	3
	如果新人薪资过高,导致新老员工薪酬倒挂怎么办	7 分钟			

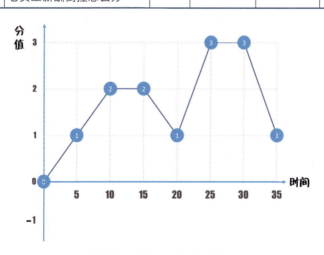

图 4-45 "薪酬"课程的互动节奏

讲师在设计直播课程时，也可以使用这个表格将内容细分为一个个 5 ~ 8 分钟的学习模块，并将每个模块的互动方式和学员感受分值填写进去。

通过这个表格，可以帮助讲师提升互动的多样性，讲师在写完互动方式之后，可以对照表格进行有意识的调整和思考，尽量运用多种方式和平台功能进行互动，避免让学员感觉单调无聊；同时它还能帮助讲师提升互动的节奏感，通过有意识地调整互动力度，在 10 分钟、20 分钟等不同节点穿插大小不等的互动方式，能够让学员感受更佳。

4.3.6 小结

直播中，要实现良好的互动，只了解平台功能是远远不够的，讲师还要了解学员特点、学习原理，以激活学员内心参与的动力。让学员在参与直播课时产生新奇感、运动感、归属感、成就感和节奏感，所有这些做法都是在关注人，关注学员的感受，关注学员学习的规律，尽可能让学员在课堂上体验更好、参与更多。

五感驱动的具体做法总结如表 4-3 所示。

表 4-3　五感驱动的具体做法

五　　感	具 体 做 法
新奇感	▶ 互动方式多样，富有变化 ▶ 互动之前设置激活因素，如云茶点、猜数字、选图形等

续表

五　　感	具 体 做 法
运动感	▶ 眼动：讲师有动作、课件有动感、视觉多元化 ▶ 手动：写、画、传、投 ▶ 身动：拉伸运动、拍照活动、肢体游戏等
归属感	▶ 课前：分组 + 编学号 ▶ 课初：改名字 + 说规则 ▶ 课上：竞争合作 + 变化重组
成就感	让学员发挥经验，掌控课堂，对学员认可关注
节奏感	时间维度、感受维度，让课堂张弛有度

4.4　直播互动的辅助

直播互动时，由于要统计积分、解答学员平台操作等，这些工作仅仅依靠讲师一个人是很难完成的。因此，中阶互动或高阶互动的直播课堂中，通常需要一位助理来协助讲师，以便课堂配合更加到位。通常情况下，直播助理有以下职责。

1．课前：建群 + 运营

一般来说，直播助理在课前要建学员群，并在群里进行相关运营工作，包括给学员分组、编学号，发布课程通知、进行课程预热等。

2．课上：辅助 + 答疑

课上，直播助理要配合讲师进行平台技术问题方面的答疑以及课堂的一些辅助工作，具体来说，包括以下三类工作。

在线直播实战攻略:
屏幕呈现+内容设计+互动创新+流程规划

▶ **答疑类工作**:讲师和助理在问题答疑上要进行分工,与平台操作有关的技术问题由助理负责解答。直播时,经常有学员会出现电脑、手机或网络问题以及在平台使用上的各种故障情况,讲师很难在兼顾课程教学的同时去分身解决这些个性化的技术问题。因此,上课之初,就要与学员进行约定,如果有技术问题,可以直接在直播群里联系助理获得帮助;或者请学员将问题直接写在平台的聊天框里,助理要及时关注问题并协助解决;同时,助理还要关注学员在聊天框或直播群里所提出的与课程相关的其他问题,并帮助讲师进行记录和提醒。

▶ **辅助类工作**:如果需要把直播培训录制下来,助理一定要在上线之初就开始录制,以免学员陆续进入教室后,事情一多就会遗忘。学员陆续上线后,助理要与没有改名的学员进行私聊,提醒或帮助其改名。课上,助理要对学员互动参与的屏幕进行及时保存、清理;如果班级需要合影,助理需要帮助大家进行截屏和图片美化;如果需要分组讨论,助理需要在课程开始后尽快将学员提前分入不同小组,并在分组后进行时间提醒;课间休息时,助理还要及时提醒学员按时回到教室等。

▶ **奖励类工作**:直播中,助理要及时统计各组学员的积分情况,并在班级进行公布;如果有其他奖励,助理还要及时记录获奖信息,并在课间或课后兑现奖励。

3. 课后:资料整理

助理要协助讲师在课后进行一些资料的整理和发放、信息的收集和反馈,如给学员发放课后阅读和补充资料、学员的电子证书等。

直播的成功往往与助理的协助、支持密不可分。直播助理的工作专业且琐碎，这要求助理要精通平台的各种功能和操作，熟知学员在技术操作上的常见问题与解决方案，同时因为课上的互动频率较高，助理更需要全心投入，在每个互动环节做好配合工作。

4.5 本章小结

要想做好直播互动，讲师需要玩转平台并激活学员的参与感，只有打通平台端和学员端两个维度，线上互动才能真正有效，如图4-46所示。

图4-46 用互动打通两端

在平台端，讲师要了解初阶、中阶、高阶三类互动平台的不同功能，并根据自己的需要选择合适的平台进行直播；同时，讲师还要了解八种常见的线上互动方式，为不同的课程内容匹配合理的互动方式，并让整个直播的互动方式具有多样性、多变性。

在学员端，讲师要激活学员大脑的新奇感、身体的运动感、团队的归属感和内心的成就感，同时还要让整个课堂具有节奏感。

在了解了直播内容如何调整，直播互动如何设计之后，我们可以将整个直播过程用一张表格进行梳理,形成自己的直播规划表,如表 4-4 所示。

表 4-4　直播规划表

预热活动（见本书第 5 章）						
开场活动（见本书第 5 章）						
第一章						
内容模块	模块时长	学员痛点	"引感思解用"	互动方式	平台功能	感受分值
总结活动（见本书第 5 章）						
第二章						
内容模块	模块时长	学员痛点	"引感思解用"	互动方式	平台功能	感受分值
总结活动（见本书第 5 章）						
第三章……						
结尾活动（见本书第 5 章）						

其中预热、开场、总结、结尾等活动环节我们将会在第 5 章进行详细介绍。在课程的主要授课环节,讲师需要在表格中厘清下列事项。

▶ 将每个章节的内容切分成 5～8 分钟的内容模块,并预估模块时长,保持思路清晰不划水。

▶ 想清楚每个模块要解决哪些学员痛点,让内容贴近学员需求不跑偏。

▶ 为每个内容模块进行"引感思解用"设计,让学员愿意学、学得会、用得上。

▶ 为每个内容模块设计相匹配的互动方式,让学员积极参与课堂讨论。

▶ 熟悉每个互动使用什么平台功能,让互动具有多样性,让学员保持新鲜感。

▶ 写下学员对每个互动的感受分值,让课程富有节奏感,让学员持续保持兴奋感。

# 第 5 章

流程规划

Chapter Five

在线直播实战攻略：
屏幕呈现 + 内容设计 + 互动创新 + 流程规划

　　有的学员告诉我，如果是在家里上直播课，她每次上线后的第一件事就是关掉摄像头并保持静音，同时把电脑外放的音量开大，然后就开始做自己的事情，听到直播里有意思的地方就听一小会儿，或者听到讲师点名时，她就赶紧到屏幕前报个到，而在上课过程中自己是不出现在电脑前的。

　　相信这种情况不是个例，电脑前听直播课的学员经常一心多用，这对讲师提出的要求就是：如何从学员登录直播平台的那一刻，在他想关掉摄像头并保持静音的一刹那能把他留住，让他愿意坐下来专心听课，积极参与互动。

　　很多人说，一门直播课要不要听下去，其实开场前5分钟就能判断出来。课程刚开始，学员还会耐着性子听一会儿，内心默默地判断这些内容对他有没有用？这个老师的讲课有没有吸引力？是继续听还是切换屏幕做其他事？短短几分钟之后，他通常就会做出是去是留的选择。因此，直播课的开场环节至关重要，讲师需要牢牢吸引住学员的注意力，激发他的听课动力，让他愿意一直留下来并逐步参与进来。

　　还有讲师告诉我，他会将自己的直播努力控制在一小时左右结束，不敢拉长时间，避免中途有课间休息。因为一旦休息了，学员可能就不回来了，或者他回不回来，讲师也根本不知道，第二节课基本都是屏幕上黑漆漆一片，聊天框里鸦雀无声，讲师心中一片荒凉。那么，如何在直播课课间休息后也能让学员保持极高的上线率和投入度呢？

　　与此同时，我还经常听到学员抱怨直播课上会被身边的各种事情干扰，一会儿上线，一会儿离线，课程听得断断续续；也经常听到学员反馈，自己处理完手头的事情再进入直播间后，就开始跟不上节奏了，不知道老师在讲什么、讲到哪儿了，与之前的内容有什么关系，听得支离破碎。面对直播中学员频繁上线、下线的情况，讲师应该如何调整授课方式，让这些出入频繁的学员也能跟得上课堂节奏呢？

另外，线下培训结束时，我们都会进行总结、分享、发放证书、合影，各种活动热热闹闹，仪式感十足。可到了线上，好像就是感谢，再见，离线，关机，冷冷清清、如鸟兽散。那么，我们要如何让在线直播的收尾环节也如线下那般有仪式感呢？

一场完整的直播应包括预热环节、开场环节、课间环节、总结环节、结尾环节，每个环节都有其目的和要求，都需要精心设计。

▶ 课前预热要留住学员、营造氛围。

▶ 课程开场要快速切入，并让学员觉得有兴趣，想要参与。

▶ 课间休息时能够提供平台让学员放松、交流，并能在休息之后准时回来。

▶ 总结阶段要帮助学员随时跟得上，及时记得住。

▶ 课程结尾要让学员有收获感、仪式感，并帮助其落地执行。

可见，只有所有直播流程顺畅衔接，所有环节达成目标，整个在线直播才能有序进行。

5.1 预热活动

预热活动是指上课前 15 分钟左右，在学员陆续登录上线时讲师要做的事情。

线下培训时，我们总是早早来到教室调试设备、调整布场之后，便开始等待学员陆续进入教室。讲师会跟早到的学员打招呼、聊天，拉近彼此的距离。课程开始前师生彼此已经逐渐熟悉，教室里已开始出现欢声笑语。但在线直播时，由于缺少面对面的场域，且学员通常都是静音和关掉摄像头的状态，线下的见面打招呼、聊天，到了线上搞不好就会变成尬聊。于是很多讲师都是在直播上课的那一刻准时进入直播间，跟学员打声招呼之后就开始进行后面的授课内容。

想想看，学员在陆续进入直播间后，看到没有声音、没有头像，只有一个个孤零零的名字和一片白茫茫的屏幕时，他的第一反应会是什么？他多半也会跟着关掉摄像头、保持静音，或去倒杯水，或去切换屏幕做点自己的事，待会儿如果忙完了就准时回来，忙不完就晚点再回来，从中途听起。

如何用好学员陆续上线的这十几分钟，让他上线就有种想留在直播间的感觉，让师生彼此从课前就开始建立起联结？接下来，笔者就从预热环节要实现哪些目的，需要做哪些事情，以及具体怎么做等方面进行简要介绍。

5.1.1 目的

预热活动的目的是，在学员登录平台的那一瞬间就留住学员，并逐步开始营造线上课堂氛围。

▶ **留住学员**：在学员进入直播间的第一时间就让他有事可做，让他产生兴趣，愿意在电脑前停留下来。

▶ **营造氛围**：通过预热环节，或让学员相互之间逐渐熟悉，或让学员对课程内容有所了解，营造一个轻松有趣的氛围，为后面的正式授课做好铺垫。

5.1.2 做法

开课前，讲师最好提前 30 分钟上线，在学员没有登录前，把该调试的麦克风、摄像头、音视频都调试好，确保自己出现在镜头前的位置、形象都没有问题，就可以关掉摄像头、保持静音，然后共享文件，切换到暖场预热的页面。如果平台和网络比较流畅的话，讲师还可以播放一些舒缓的歌曲，一切就绪后等待学员陆续上线。

什么是暖场预热的页面呢？先来看个案例，如图 5-1 所示。

图 5-1 预热环节案例

暖场预热的页面一般包含两部分内容：一部分是提醒学员要做的事情，如改名、签到等，如图 5-1 左下方所示；另一部分是用于引发参与、进行预热的内容，如图5-1左上方及右侧所示。

学员上线后，一般要先请他改名、签到和调试声音、摄像头。小班授课时，改名环节至关重要，因为很多人上线后经常出现的是某款电脑或手机的型号或者是一串手机号码，这样不利于后面的互动。对此，讲师可以在预热互动页面中留出一侧位置，将学员需要做的事情在幻灯片里写清楚。

除这些事务性安排之外，预热活动的第一目的是留住学员并开始交互，因此预热互动环节的活动设计一定要有趣、要能够吸引人，让学员产生想留在这里的愿望。通常，课前预热的方式有游戏、视频、问答三种方式。

1. 游戏

为了让学员登录后愿意留在电脑前，我们在这个环节可以设计一些非常好玩，能够吸引学员参与的游戏。鲍勃·派克在《重构学习体验：以学员为中心的创新性培训技术》这本书里说，成年人无非是大尺寸的孩子。[①] 的确如此，成年人都有颗孩子一样的心，很多看起来无聊的事情，却会让成年人乐此不疲。

比如，我们经常会看到朋友圈里转发一些诸如"你的性格更像当红电视剧里的哪个人"之类的小测试，很多人不但会为此去关注某个公众号或登录注册，测试完之后还要截屏发朋友圈；再如，很多人在上下班路上、睡觉之前都会打一局游戏解压等。这些难度不高又很有意思的游戏会吸引很多成年人的参与，而且大家打游戏时还喜欢群

---

① 派克. 重构学习体验：以学员为中心的创新性培训技术 [M]. 孙波, 庞涛, 胡智丰, 译. 南京：江苏人民出版社, 2015.

体作战,甚至于一边打一边聊。因此,我们在直播课的预热环节也可以设置一些有意思的小游戏,不但能吸引学员参与,还能借着游戏让彼此开始沟通交流,相互熟悉起来。

如前面那个找电影的图片,图中有 25 部电影的经典道具,每个道具上都有标号,讲师可以在学员登录过程中共享屏幕,让早上线的学员来找找看。这种游戏的特点是门槛低,即使不爱看电影的人,根据常识也能找到一些答案,如《李小龙》《加勒比海盗》等,这样可以让所有人都参与进来。但同时,如果想把 25 部电影全部找出来,却也很不容易,这就会激发大家的相互探讨,比如,有人会问:"图 12 是《小王子》吗?"这时有人会出来帮他解答,学员彼此之间便开始建立交流。而且有些电影达人在写出多部电影名称之后,大家都会为他点赞,参与的同学就会很有成就感。

无论是找电影,还是算算术,这些游戏题目背后的共性之处是在于:难度不高,大家都愿意参与;做对不易,从而容易引发讨论;要找全答案或讨论出正确答案,需要花费较多时间等,便于等待其他学员陆续上线。这些游戏特点让学员更容易参与、更容易产生交互感,从而达到课前预热的目的。关于预热游戏环节的设置,讲师要注意在题目设置和引导讨论两方面加以设计。

▶ 题目设置

(1)门槛不高,让人愿意参与。题目设置时要考虑学员的知识水平,如果都是学霸,可以将门槛提高一些;如果是普通学员,要把门槛放低一些,要去找那种学霸和学渣都能玩起来的游戏,否则难免会让部分学员产生畏难情绪,压根儿不去参与。

(2)耗时较长,热度持续较久。尽量选择那种如果想全部做对或找全答案就需要耗费一些时间的游戏。有些题目一两分钟大家就能找到答案。例如，找不同的游戏（如左右两张图片里面有五个不同之处，请学员在图片上进行标注）。这种游戏大家很快就会找到答案，热度持续时间太短的话也就失去了游戏设置的意义。

（3）答案多元，容易引发交流。预热环节可以选择一些答案比较多元或带有不确定性的游戏，这样更容易引发学员讨论。这种题目在生活中还是挺多的，如一些解压的小游戏，或是朋友圈里大家转发得乐此不疲的游戏，很多都适合放在预热环节。例如，错觉图片（让大家找找里面有几个人、几个动物等）；或是寻宝游戏（一张图里面有很多个指定物如某种动物、某种食物等，请大家逐一找出来）。这些游戏的答案都比较多，一时难以找全或很难一下子全部答对，游戏中的不确定性容易引发学员的讨论，有人会把不确定的点写在聊天框里，也有热心人会出来解答，这样一来，学员之间的交流感慢慢就出来了。

▶ 引导讨论

游戏不是目的，吸引大家留在电脑前才是关键。然而这只是第一步，预热环节更需要实现的目的是让师生、生生之间建立起交流感。游戏过程中讲师可以参与讨论甚至主动带动节奏，从而拉近彼此的距离，让氛围慢慢营造起来。例如，在有人开始回答或找到一些关键点时，讲师在聊天框里给予他鼓励和肯定；当有人答对时，讲师可以通过平台私聊的方式悄悄给他祝贺和肯定。

为了吸引更多学员参与，讲师还可以增加一些激励机制。例如，答对的同学可以获得奖励，如获得积分，或在后续课程中可以由获胜的人来指派其他人发言等。这些方式都会让参与者获得很多成就感,也会吸引大家更多地进行参与,让课堂的气氛越来越融洽。

2. 视频

除游戏之外,我们还可以准备一些与培训主题相关的视频或动画,或提供一些前置知识,在课前循环滚动播放,让早到的学员有事可做,在观看视频的过程中还能对课程内容有些初步了解并开始有所期待。下面举两个例子。

▶ **案例一:与主题相关的视频**

一家互联网企业的讲师开发了一门"关于需求文档"的课程,目标学员是产品经理和研发人员。这两个岗位的人在日常沟通中经常会发生矛盾:研发人员觉得产品经理的需求不合理,而且需求经常发生变化;产品经理觉得研发人员总是各种刁难、不配合。其中矛盾的导火索之一就是"需求文档的描述与沟通"。

于是,这位讲师在网上找了一段产品经理和程序员因为需求不合理而大打出手的真实视频在课前进行播放。视频中产品经理提出需求:想请开发一个软件,让用户手机端 App 的主题颜色能根据手机壳颜色自动调整,开发人员对此表示无法接受。双方沟通无果,激愤之下扭作一团,最终被双双开除。弹幕中还飘着一些网友的评论。有人说:"终于有忍不了的了。"有人问:"哪个是程序员?"有人答:"应该是头发少的那个吧!"……讲师在这段视频播放后还设置了几个与撰写需求文档常见问题有关的互动话题,邀请大家在聊天框里进行讨论。

这个视频既与培训主题高度相关,又能够击中学员痛点,让大家产生共鸣,而且弹幕中的诸多调侃还会让人在电脑前忍俊不禁,从而对课程内容有所期待。

▶ **案例二：前置知识**

一家游戏公司有很多海外业务，设计师需要根据各国特点对游戏进行本土化设计。在上某国游戏设计课程时，上课前讲师从该国的诸多经典影片中剪辑了一些片段，把这个国家的风土人情在课前滚动播放，如经典音乐、电影、建筑、服饰、民俗等，在课前让大家对该国的文化、政治、宗教等方面有一个直观了解，以便学员在课上更容易理解本地化游戏设计方面的一些理念。由于这些视频来自于很多经典影片，对于学员来说颇有种视觉盛宴的感觉，播放效果很是抓人眼球。

在直播预热环节播放视频的做法与线下很像，我们经常在线下的一些大型会议、论坛中看到开场前滚动播放的视频，它的目的是让大家在陆续入场的时候有事可做，避免冷场。直播课开始前也是如此，通过视频让上线学员在屏幕前停留住，能够避免很多人在上线打卡之后就离开；同时讲师也能够对后面的课程内容进行预热和铺垫，让大家对接下来的直播内容有所期待。

预热视频在选择和制作时要注意满足以下三个要求，如图 5-2 所示。

图 5-2　预热视频的选择和制作要求

▶ **相关性**：视频内容要与分享主题相关，可以是一些前置知识，也可以是一些相关案例，或是描述一些工作中的常见痛点等。如果学员对直播平台功能不够了解，讲师还可以播放一些讲解平台功能和操作方法等方面的相关视频，目的是让学员做好上课前的准备，并对正式内容产生期待。

▶ **趣味性**：视频本身的趣味性和吸引力要强。作为在学员面前的第一次亮相，如果这个视频本身就让学员觉得很枯燥看不下去，那么反而会对后面的环节起到适得其反的作用。

▶ **互动性**：视频在循环放映之后，在上课前两三分钟时，讲师还可以围绕视频内容布置些有趣的互动讨论题目，让学员结合视频在对话框里进行讨论与交流。

3．问答

我们见到最多的课前预热方式就是讲师在 PPT 上设置几个问题，请学员在对话框里进行回答。这种方式最常见，也貌似很简单，但其实做好并不容易，如果问题设置不当，经常会陷入无人回答的尴尬局面。

先来看下面两个案例。

▶ **案例一**：

讲师设计了一个填空题，请大家在聊天框里填写：

大家好，我是____，来自____，我在本领域的工作年限是____年。

▶ **案例二**：

讲师放了一张中华美食地图，上面写着四川火锅、陕西羊肉泡

馍等,请大家边看地图边在聊天框里介绍:

  大家好,我是____,来自____,我的家乡美食是____。

  对于这两种预热方式,如果你是学员,你更愿意填写哪一个?实际测试结果是,案例二的学员参与度远高于案例一的学员参与度。

  ▶ **案例一分析**:这个题目的设计初衷是好的,既能让大家相互熟悉认识,还能调研一下学员在课程领域的经验年限。但是这些干巴巴的问题很难让人产生交流的欲望,通常学员扫一眼之后就切换屏幕干别的去了。而且那个问大家有多少年工作经验的问题回答起来还带有一定风险性,如果是资深员工也许还愿意填写,如果是资历较浅的员工,这个问题本身会让学员产生不安全感,毕竟人们往往不愿意暴露自身的不足。

  ▶ **案例二分析**:美食地图其实就是讲师有意设置的"互动激活因子",它能够激发学员的新奇感,让人忍不住多看两眼,边看还边在心里嘀咕它画得对还是不对。这张图就像个靶子,无论大家觉得它上面描述的美食是否符合自己的认知,至少已经开始动脑子了,甚至产生了想评判两句的念头。

  笔者班里曾经有个山东学员,看到地图上写的山东美食是烟台焖子和青岛海鲜,于是他就在聊天框里写道:"我来自山东菏泽,除了焖子和海鲜外,还有我大菏泽的羊汤。"在他的带动下,大家在聊天框的话术齐刷刷地变成了"我来自……我的家乡除了……还有……"而且大家很快就借着这些话题开始聊了起来,如"原来咱俩是老乡,我也想喝羊汤"等。讲师也可以顺势参与聊天过程,甚至主动带动起聊天节奏。这类题目既能够给学员提供相互交流的话题与了解的机会，让彼此相互认识与了解，又能够快速建立起轻松愉快的氛围。

其实，预热环节的问答就像我们见面打招呼一样，几个陌生人在一起一般都会找个对方愿意开口的话题寒暄一下，比如问对方："你是哪里人？住得远不远？最近忙不忙？"等诸如此类问题，既容易让对方回答，而且答完之后最好还能找到一些共同话题拉近彼此距离，而不是上来就直奔主题。因此，预热环节的问答设计需要思考如何让对方愿意开口回答，如何在大家开口回答后还能找到一些相互交流的点，从而在聊天框里互动起来，真正起到预热的作用。

那么，什么样的问题大家愿意开口回答呢？正向化和具象化是两大关键要素。

▶ **正向化**

看看下面这些话题，哪些更适合放在预热环节？

- 我今年压力最大的一件事情
- 我今年最开心的一件小确幸
- 说出一个自己最尴尬的场景
- 过去两年我做过的最引以为傲的事情

你认为哪些话题大家更愿意在陌生人面前分享的？哪些话题更有利于直播氛围的营造？很显然，第一个和第三个话题都相对负面一些，大家要么不愿意说，要么说了也会让气氛变得沉闷、压抑、尴尬；第二个和第四个话题更加正向，更容易让大家张口，也容易让气氛轻松愉快起来。

就像我们在朋友圈里看到的都是别人希望我们看到的东西一

样,人们都愿意把经过包装的、美好的一面展示给众人。因此在问题设计上,要给学员一些展示生活中正向积极一面的机会,这样不但大家更愿意说,而且这种愉悦的情绪是可以相互感染的,这也能够为后面的直播氛围打下很好的基础,讲师在后续过程中还可以围绕这些正向的内容给予学员赞美、认可,让表达的人有一种成就感。

除问题设计要更加正向化以外,我们在预热环节还要创造机会鼓励和认可学员,如可以在预热屏幕右下角附上一句"早到的同学,你们骨子里就写着优秀俩字!"这句话本身也是正向化的鼓励,能够激发学员愿意继续优秀,更加优秀。

▶ 具象化

正向化的问题让学员愿意回答,但不等于容易回答。仍以美食地图的案例为例,如果我们没有提供美食地图这张图片,而是直接让学员填写下面的空格:"大家好,我是_____,来自_____,我的家乡美食是_____。"像这种直接被问到自己的家乡美食是什么,恐怕很多人都要在脑子里先搜罗一番,然后可能就会得出结论:"好像也没有什么。"于是就选择无视不予回答。这是因为这些问题比较枯燥,而且凭空思考也太抽象。但给出美食地图之后,其实就相当于提供了一些选项,给出了一些素材和灵感,这时再来回答就变得容易了许多,学员的参与度也就更高了。

因此,问题设计时需要更加具象化,给出一些具体形象的案例、图片、数据等,让问题变得更生动、鲜活,给彼此的交流提供素材和话题,让学员更愿意也更容易交流起来。

具体来说，我们在设计提问时可以设置问题加示例，也可以设置填空变选择。

▶ **问题加示例**：提完问题之后，可以增加一个示例。例如，问大家今年最开心的事情之后，要加个例子，如"我今年最开心的事是买了个烤箱，学会了烤蛋糕！""我今年最开心的事是当了爸爸，痛并快乐着。"用具象帮学员做个示范，提供灵感和启发，让问题变得更容易，大家相互交流的意愿也就会变得更强。

▶ **填空变选择**：与填空题相比，选择题更容易作答，而且呈现方式也可以多种多样，既可以在聊天框里写，也可以直接在页面上画图、标记。如图 5-3 所示，这是一个初级管理课的预热环节，讲师请大家在九宫格上直接进行标记。它类似于课前调研，讲师可以快速了解学员更多信息，知道大家在这个课程上面的经验、期望等。

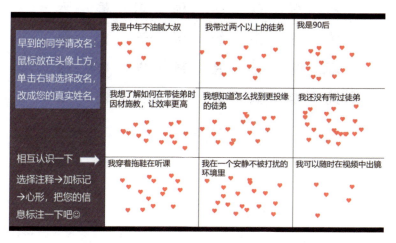

图 5-3　案例：初级管理课上的预热环节设计

5.1.3 应用案例

1. 案例背景

来看一下这个预热活动,指出它哪里做得好?哪里有问题?可以如何修改?

2. 具体案例

这是一个词语连线活动,讲师在屏幕上放了几十个字,请大家把这些文字两两组合,组成两字词语,并将答案写在聊天框里,如图 5-4 所示。

请在下列文字中,找出可以组成的两字词语,如:热闹

热	恳	开	亮	乐	静	扬	扰
色	絮	摆	隐	郁	庸	偷	漂
快	约	摸	纷	闹	干	火	俗
颜	葱	万	音	高	安	叮	勤
摇	全	红	咚	声	兴	叨	飞

图 5-4 预热案例:词语连线

3. 案例点评

这个活动的优点如下。

(1)难度适中,答案多元。这个题目不难,大多数人都能从中找到一些相应词语,而且答案有 20 个左右,想全部答对也比较

困难，由此可以让预热时间持续较长。

（2）在设置问题时，举了例子，如"热闹"，这种具象化的描述让题目更容易理解。

4．问题与建议

同时我们也注意到，这些词语离学员接触的环境较远又缺少趣味性，对学员缺乏吸引力，学员可能会想："我为什么要去做这个组词？"所以，在设置组词游戏时，要么让学员觉得有意思，要么让学员觉得有意义。

例如，讲师可以把两字词语换成当下热门的一些综艺节目名称、名人或明星的姓名，让题目本身更有热度、更好玩有趣；或者是告知学员，下面这些词语是我们这次课程会涉及的一些关键概念，请大家从中找出来，从而让学员觉得有意义；同时，讲师还可以给出目标和激励方式，让大家能够产生成就感，如找到十个以上的人可以获得奖励等，以吸引更多的人参与。

5.2　开场活动

暖场预热不一定要与课程内容强相关，但是正式上课后，开场环节一定要尽快切入主题。直播课程的开场至关重要，它奠定了整个课程的基调，课程前 15 分钟如果能让学员产生兴趣，对内容充满期待，愿意积极参与互动，那么后面的课程也往往会越来越顺利。

5.2.1 目的

具体来说，直播开场活动要实现四个目的：让学员有意愿、有全景、有参与、有交互，即要让学员对课程内容产生兴趣，对课程全貌有所了解，让每个人进行参与，让整个班级有所交互，如图5-5所示。

图 5-5 直播开场活动的四大目的

▶ **有意愿**：开场活动要帮助学员在课程内容与学员应用场景之间建立关联，让学员感受到课程内容与实际工作、个人痛点高度相关，从而产生强烈的学习意愿。

▶ **有全景**：让学员对于本次课程的目的、内容框架有清晰的了解，做到心中有数。

▶ **有参与**：让学员从围观者变成参与者，所有人在开场环节即参与课程互动中。

▶ **有交互**：在互动过程中，讲师要努力实现学员与学员之间的交流与联结,让课堂氛围变得轻松愉快,让彼此的沟通更加高效顺畅。

5.2.2 做法

开场活动几乎是笔者每次直播前花最多时间思考和设计的环节,直播培训的开场与线下课相比有很大区别,它的时间变短了,要求变高了,而且方式也变化了。

▶ **时间变短**:线下开场通常会花费 30 分钟甚至更长时间,而线上直播时间被压缩或切割得很严重,一场直播通常总时长只有一两个小时或半天时间。因此,直播开场的节奏要更快,用时一般控制在 15 分钟以内。

▶ **要求变高**:学员在线学习的耐性非常差,如果开场的前一二十分钟他觉得没有趣味,很可能就直接离线而去,或切换屏幕去做其他事情了。因此在开场环节需要充分激发学员的兴趣,调动大家参与的积极性。

▶ **方式变化**:线下开场的很多互动活动都是基于面对面进行设计的,如张贴海报、全班起立相互交流等,这些方式在线上是很难实现的。因此,线上的开场活动要更多基于平台功能去设计更有吸引力的活动,建立彼此的联结并营造分享的氛围。

那么,如何将线下开场活动迁移到直播中呢?我们来看个案例,从中感受一下线下开场活动与直播开场活动的异同。

这是一家快消品企业,它们面向公司的基层储备管理者开发了

"如何成为好导师"的线上课程,旨在帮助这些人愿意带徒弟,能做好带徒弟这件事。

线下培训时,它的开场是这样的。

▶ **步骤一**:在桌卡背面画个"十"字,将桌卡分为4个区域,分别写上"我所在的部门/区域""我喜欢什么样的导师""我不喜欢的导师特点是什么""今天希望解决的一个与当导师有关的问题"(用时5分钟)。

▶ **步骤二**:学员全体起立相互交流,找到与自己有共同特征的人,并请他在桌卡上签名(用时10分钟)。

▶ **步骤三**:回到小组之后,彼此看一下桌卡,找出小组希望解决的带徒弟方面的共性问题,同时签名最多的人成为小组组长,组长指派人分享小组共识的内容(用时10分钟)。

▶ **步骤四**:讲师根据各组的共性问题,引导出本次课程的目标、收益和内容(用时5分钟)。

这个开场活动有两个非常强的线下属性:一是时间长,整体用时将近30分钟;二是相互走动、桌卡签名等活动方式更适合面对面进行,直播时很难实现。

下面我们来看看,这位讲师将课程放到线上后在开场活动环节是如何设计的。讲师基于三类平台功能(只有聊天框的初阶互动平台、可以屏幕涂鸦的中阶互动平台、有分组讨论的高阶互动平台),分别设计了以下三个不同版本的开场活动。

版本一：初阶互动版（只有聊天功能）

使用平台：小鹅通

活动时长：7分钟

平台功能：聊天框

具体做法如下。

▶ **步骤一**：描述痛点（2分钟）

如图5-6所示，讲师开场先介绍了在课前调研时大家填写的带徒弟方面遇到的问题，例如，因为带徒弟而增加工作量，占用个人时间；徒弟有自己的个性和差异，有的人不听话，不好带；徒弟的成长快慢直接影响团队业绩，自己压力大等。同时，通过给出数据、使用案例等方式对这些痛点进行渲染，并引发学员对下面这些问题的兴趣，即如何解决这些痛点？如何既能做一个让徒弟认可的好导师，又能帮自己节省时间、降低压力？

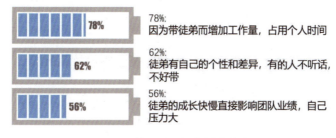

图5-6　管理课开场之描述痛点

▶ **步骤二**：激活互动（1分钟）

讲师接下来展示了一页幻灯片，上面有三种水果，讲师请每人选一种自己喜欢的水果，并将序号写在聊天框中，如图5-7所示。

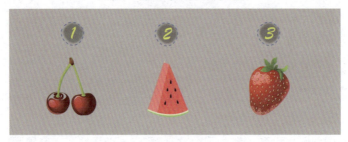

图 5-7　管理课开场之激活活动

▶ **步骤三：** 任务分工（2分钟）

在大家快速选完之后，每种水果下方出现任务分工："导师的哪些做法是你不喜欢的？""导师的哪些做法是你喜欢的？""请找到有共鸣的发言，并复制写'+1'，为其点赞。"

根据任务分工在聊天框中填写：选择樱桃的同学要写出导师的哪些做法是你不喜欢的，选择西瓜的同学要写出导师的哪些做法是你喜欢的，选择草莓的同学则负责找到聊天框里大家说到的那些让你有共鸣的话，复制之后并写上"+1""点赞"等话语，如图5-8所示。

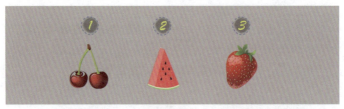

图 5-8　管理课开场之任务分工

▶ **步骤四：** 内容介绍（2分钟）

讲师选择大家最有共鸣及与课程内容最相关的留言，念出发言者的名字及信息内容，引导出本次课程的核心内容与学员收益。

这个开场用时七分钟，仅使用了平台的聊天功能，通过痛点描述让学员产生学习的意愿；通过选水果让学员产生好奇进而愿意参与；通过问题设计让大家进行分工合作、相互交流；通过对讨论内容的引导和课程介绍，让全班了解课程全貌和学习路径。

其中的设计亮点是：不但设置任务分工让学员回答了几个不同的问题，还专门设置了给其他人点赞的环节，通过彼此的点赞及讲师的念名字等方式让参与者获得成就感，也让彼此的交互更加深入。

版本二：中阶互动版（有屏幕涂鸦功能）

使用平台：Teams、腾讯会议等

活动时长：10分钟

平台功能：摄像头、投票、文本、画图

具体做法如下。

▶ **步骤一：** 肢体投票（5分钟）

讲师邀请学员打开摄像头，进行肢体投票，之后将课前调研的学员痛点逐个抛出，如果学员对此深有感触，就在屏幕前用两个大拇指表示，如果学员觉得自己不存在这方面的问题，就将两手交叉在镜头前做出"×"状。过程中，讲师边抛痛点，边对学员深有感触的那些点进行渲染、演绎。

▶ **步骤二：** 文本互动（2分钟）

讲师询问："谁在刚刚投票环节的五个问题中，有三个及以上问题都是举大拇指的?"然后邀请这名学员在接下来的活动中担当啦啦队成员,给大家的发言打 call、点赞。

接下来向其他同学抛出问题:"请回想一位曾教过自己的导师,他当时是怎么做的?他的哪些做法是你喜欢的?哪些做法是你不喜欢的?"并用文本功能将答案直接写在屏幕上,如图 5-9 所示。

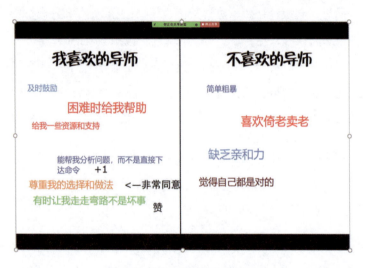

图 5-9 开场案例之文本互动

▶ **步骤三**:内容选择(3 分钟)

讲师选择大家最有共鸣及与课程内容最相关的留言,引导出本次课程的核心内容与课程收益,并请学员在课程纲要上标出自己最感兴趣的部分,如图 5-10 所示。

这个开场活动用时 10 分钟左右,使用了平台的摄像头、投票、文本、画图等功能,通过痛点描述和肢体投票,既直击学员痛点,又推动所有人参与课堂;通过屏幕涂鸦和啦啦队打 call、点赞的设计，让学员之间产生了更多的交互和联结；在最后的内容选择环节，既让学员了解了课程全貌，又让学员对课堂有种掌控感，同时也让学员更有成就感。

图 5-10　开场案例之内容选择

需要注意的是，尤其是在肢体投票环节，在小班授课的直播互动中，开场时讲师要想办法让学员打开摄像头，让彼此相互看到，从而让班级的交流感更加真实。如果没有个缘由，直接就让大家打开摄像头，学员不一定愿意。讲师借着肢体投票的机会，在没有给学员太大压力的情况下，巧妙地让学员逐渐露了脸，后面再开始有更多任务要求也就相对容易了。

版本三：高阶互动版（有分组讨论功能）

使用平台：瞩目、Zoom 或 Webex

活动时长：15 分钟

平台功能：聊天框（公聊、私聊）、小组讨论具体做法如下。

▶ **步骤一**：描述痛点。具体做法同版本一（2分钟）

▶ **步骤二**：小组讨论（5分钟）

大家在课前已经提前进行了分组并选出了组长。所以，讲师在课上使用了平台的小组讨论功能，将各小组分入不同会议室，并讨论问题："回想曾经教过自己的导师当时是怎么教的。在你的心目中好导师具有哪些特点？"要求：讨论5分钟，组长指派人将好导师的特点进行记录，每个组总结得越多越好，讨论结束后进行小组对决，如图5-11所示。

小组讨论：

思考：
回想曾经教过自己的导师当时是怎么教的。在你的心目中好导师具有哪些特点？

做法：
小组讨论5分钟，组长指派人对讨论结果进行记录。

要求：
找到更多的特点，讨论结束后进行小组对决。

图5-11 开场案例之小组讨论

▶ **步骤三**：开麦接龙（3～5分钟）

各组讨论完后，请组长派代表开麦分享好导师的特点，每组只能说非常简短的一条，而且各组内容不能重复，循环往复进行多轮接龙，讲师在白纸上进行记录，并共享屏幕将记录过程视觉化呈现出来，如图5-12所示。过程中提醒所有人继续使用平台私聊功能，不断给发言人补充新的想法和信息，在淘汰两三个小组之后，活动即告结束。

图 5-12　用白纸快速记录并实时呈现

▶ **步骤四**：积分抽奖（2 分钟）

优胜小组获得积分奖励，并且所有的发言人及各组组长均会获得抽奖权。讲师在幻灯片上给出几个不同颜色的宝箱进行抽奖，如图 5-13 所示。大家将选择的颜色序号写在对话框中后，播放幻灯片动画，公布每个颜色对应的奖项，如图 5-14 所示。

图 5-13　积分抽奖

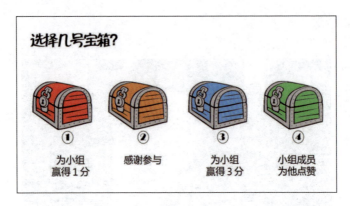

图 5-14 开奖

▶ **步骤五**：内容介绍

讲师根据刚才的讨论，引导出本次课程的核心内容与学员收益（2 分钟）。

这个开场活动讲师花了 15 分钟左右，通过痛点描述与渲染让学员对内容产生了兴趣；通过小组讨论和竞争，让每个人都能参与进来，让小组之间形成竞争，小组内部彼此合作，团队的交互感、归属感逐渐形成；奖励积分和抽奖环节还能够让获胜者和参与者获得成就感，让班级的氛围也更加融洽；对讨论内容的引导和课程介绍，也让所有学员了解了课程全貌和学习路径。整个开场活动在较短时间内实现了让学员有意愿、有全景、有参与、有交互的直播开场目的。

这三种做法虽然使用的平台功能不同，学员的人数也存有差异，但讲师开场设计的思路是一致的，它们都遵循了直播开场设计的 4I 模型，如图 5-15 所示。

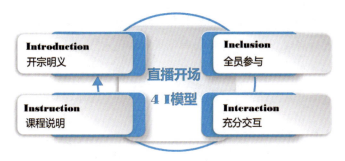

图 5-15　直播开场的 4I 模型

直播开场时，讲师需要掌握以下四个要点。

（1）Introduction（开宗明义）：从学员的应用场景和痛点、收益进行切入，激发学员的学习意愿。

（2）Inclusion（全员参与）：设计全员参与的活动，通过减少压力、提升动力、给予激励等方式鼓励学员投入参与。

（3）Interaction（充分交互）：引导学员充分交互，设计分组、相互点赞等活动，建立学员之间的沟通与交流。

（4）Instruction（课程说明）：介绍课程的学习路径和课堂规则，让学员对课程建立清晰的目标和框架。

接下来，我们逐一介绍每个要点的具体做法。

▶ Introduction：开宗明义

直播课程的开场要尽量缩短讲师的自我介绍，缩减那些线下"破冰"、寒暄的环节。直播培训不是讲师的秀场，不应自我炫耀，而要尽快切换到学员的"修罗场"，尽快从他们的实际应用场景出发引发共鸣，这样学员才愿意在后面的课程中有更多的投入。

开宗明义最常用的方式就是直击学员的痛点或收益，从利弊出发来吸引学员的注意力。在开场切入时，我们不但要把准脉，更要注意进行渲染、展示，让学员有场景感、代入感。

举个例子。有一门关于"高效表达、即兴发言"的课程，以下两种开场导入方式，你认为哪种方式更容易引发你对课程的兴趣？

（1）方式一：

大家工作中有没有遇到过这些情况：开会发言时总感觉自己没把话说到位；跨部门沟通时对方经常听不懂；向上汇报时常常没有把工作亮点凸显得更好。

（2）方式二：

大家有没有遇到过以下几种情况：

▶ 开会讨论时各部门负责人都在，忽然上级把手指向你，让你来说说对某件事的看法，此时的你瞬间大脑一片空白，啰啰唆唆说了很多，说完之后就开始后悔："这个非常有价值的点刚刚怎么忘了说？为什么该说的没说，不该说的说了那么多？"于是越想越后悔。

▶ 和同事沟通时，你已经事无巨细，把各种细节问题都交代清楚了，但对方却皱着眉头来了一句："所以你想说什么？""我没听明白，你能再说一遍吗？"那一刻，你心里觉得自己简直就是在"对牛弹琴"。

▶ 加了好几天班的你非常用心地设计了一份项目设计方案，展示时却被领导不断打断。只见领导不耐烦地提醒你让你"讲重点"，你觉得很委屈，心想："我讲的哪部分不是重点呢？辛辛苦苦完成的项目设计有很多的亮点、创新点，汇报后领导却觉得一般，我眼中90分的成绩到了他的耳朵里却只剩下60分的评价，谁能告诉我那 30 分去哪儿了？"

你觉得上述两种说法哪种更能打动你？为什么？

朱莉·德克森在《认知设计》[①] 中说："课程要用来展示，而不是灌输。展示可以让学员拥有一个想象空间，让他们能将所有的故事和情节结合在一起，并且自己来完善这些情节，根据这些情节得出自己的结论，从而让学员成为故事的积极参与者。而灌输是平滑的，学习者不会产生相应的思考。"案例一其实采用的就是一种平滑的、学员听完之后没什么感觉的表达方式，而案例二则给了学员一个可以想象的、仿佛能看到的场景，能够为学员带来更加深刻的切身体会。

因此，课程在开场切入时，讲师不但要用好展示和渲染的能力，找准学员实际工作中的常见问题，更要通过案例、场景描述、数据等方式，将真实场景立体地、鲜活地呈现在学员面前，让学员产生代入感，并结合自己的实际工作与场景产生强大的学习意愿与兴趣。

▶ Inclusion：全员参与

开场时，如果学员都能够参与课堂中将课堂氛围渲染起来，后面的很多环节就会更加顺畅。因此，在课程初始，讲师的一项重要任务就是把学员从围观者变成参与者，让所有人都参与进来。但这件事做起来并不容易，因为开场时学员之间还不熟悉，内心会存在不安全感，他们担心自己说错话，或与环境格格不入。因此讲师要精心设计开场的互动活动及互动问题，不但要设计让所有人都能够参与、愿意参与的互动方式，还要降低问题的风险，减少学员的顾

[①] 德克森. 认知设计 [M]. 赵雨儿，简驾，译. 北京：机械工业出版社，2018.

虑和压力。

在活动设计方面，要多设计一些共同参与或是匿名参与的活动，帮助学员降低参与互动的压力。一般来说，开场时多人参与优于个人参与、匿名参与优于具名参与。因此，讲师要尽量减少让个人开麦回答的频次，多设计一些所有人可以同时作答的互动；如果平台有聊天框之外的功能，开场环节还可以多使用一些涂鸦、连线、文本框等学员可以匿名参与的方式，从而降低学员的压力，提升其参与的动力。

在问题设计方面，如果平台只有聊天功能，也就是只有具名方式，讲师在开场问题设计时就要尽量降低问题的风险性，多设计一些没有对错之分的问题，并鼓励学员积极回答。如上面案例中的问题提到："你喜欢什么样的导师，不喜欢什么样的导师？"这些问题学员不用担心自己答错，大家可以畅所欲言地来回答。

▶ Interaction：充分交互

只有全员参与的活动还不够，讲师还要通过机智设计和主动引导，形成学员彼此之间的充分交互。毕竟在线直播和录播的很大区别就是群体化和及时性，直播时所有学员一起在线进行群体学习，一起及时交流与反馈，不仅可以从课程内容中收获知识，更能从彼此的观点分享和思想碰撞中汲取很多养分。

通常在课程开场时，讲师要建立班级组织机制和激励机制，以推动学员之间的交互更加充分。

▶ 组织机制

如果整个班级人数相对较多，交互起来有难度，讲师可以在课前给大家提前分组，或课上临时分组，让班级形成不同的小组。有的直播平台有分组讨论功能，讲师可以在开场时设置小组讨论环节，用较短时间进行组内讨论，一方面让学员相互之间尽快熟悉起来，另一方面也能让学员共同完成讲师布置的任务，更好地为后面的课程内容服务；有的平台功能较少，讲师可以采用前面案例中类似请大家选水果的方式，随机给出几个数字、字母、颜色等让大家进行选择，从而形成不同小组，以小组形式在聊天框里完成不同的任务。

▶ 激励机制

学员之间的交互除体现在一起完成任务、回答问题、小组竞争之外，还可以就彼此的发言内容进行反馈与认可。讲师要在开场环节主动创造一些学员之间相互反馈、相互激励、频繁交互的机会。

下面列举一些常用的交互方式。

（1）我们可以将某个组设立为"评委组"或"点赞组"，或请组长委派组内最资深的人担任评委或点赞员，在接下来的互动环节为他人的发言点评和点赞。

（2）可以在互动环节中给大家分工，请某些人负责回答问题，请某些人负责对这些答案进行点赞、表达认同。

（3）可以在开场的抽奖环节中，把其中一个奖项设立为"请全班或全组同学为他点赞"。

（4）还可以请学员使用平台的表情包功能，如相互竖大拇指，或者带领学员用油性笔在白纸上手绘一些鲜花、火箭、钻石，大家在屏幕前送礼物，如图5-16所示。

图 5-16 相互激励点赞

通过这些激励方式，让学员逐渐关注彼此之间说了什么，带给自己什么启发；同时也能够通过彼此的点赞，让学员产生成就感，使其更愿意在全班进行分享和交流。

除上述让学员相互激励的方式之外，讲师也要及时发现学员的亮点，给予学员激励，并且开场环节的激励要注意"尽早""尽多"两个原则。

（1）尽早。是指激励要及时，每当学员出现值得认可的地方，讲师要及时给予认可或激励。尤其是开场时，如果设立了小组竞争环节，要尽早给予积分或抽奖奖励。课程开场是营造氛围、调动学员参与积极性的关键时期，给予学员频率较高的激励和认可，能够营造快乐正向的课堂氛围。

（2）尽多。是指开场时运用多种方式给更多人认可和激励。例如，在前面案例中，除给予获胜小组积分之外，还要给各组组长及发言代表抽奖的机会。其目的在于让学员感受到在这个班里所有的付出都会被大家看到，从而让大家更愿意参与和投入课堂中去。

▶ Instruction：课程说明

开场时除要激发学员的学习动力和实现彼此的参与及交互之外，讲师还需要让学员对本次直播的课程安排、时间安排、规则安排有所了解，如图 5-17 所示。

图 5-17　课程说明的三个安排

（1）课程安排。如果是多次课程，讲师要说明每个项目节点、每次课程的重点和收益，让学员对课程整体有全局性了解。如果是单次课程，讲师则要介绍课程的内容框架和分别要解决哪些问题，让学员对内容充满期待。

（2）时间安排。介绍整个课程的时间安排，包括多长时间、休息几次、每次休息多久等，让学员心中有数。

（3）规则安排。包括直播的一些约定和积分奖励机制等。直播约定方面，如保持静音、欢迎随时在聊天框中发言、提问等；积分奖励方面，如快速发言有积分、答对问题有积分等。规则安排的目的是让大家在开场即明确规则，达成共识。

5.2.3　应用案例

1．案例背景

这是一门有关"结构化表达"的课程，课程的互动性和实操性非常强,线上直播以高阶互动小班教学方式进行。

2. 具体案例

使用平台:瞩目、Zoom、Webex

活动时长:10~15分钟

平台功能:聊天框、分组讨论

具体做法如下。

▶ **步骤一**:记忆力测试(5分钟)

讲师告知大家,接下来有道记忆力测试题(见图5-18),给出30秒钟时间,请大家快速记忆,30秒钟之后关掉屏幕,请大家在教材里或聊天框里写出刚才屏幕上出现的关键词,统计自己答对的数量,讲师会给记忆力达人积分。

第二轮测试题,仍然是限时30秒钟时间(见图5-19),再次统计做对的数量,并给两次差值最大的人积分。

记忆力测试题			
香蕉	羊肉	萝卜	豆角
柠檬	桔子	青豆	鸡
花生	猪肉	鱼	牛肉

图5-18 第一次记忆力测试

记忆力测试题				
食物	蛋糕	饼干	巧克力	冰淇淋
植物	玫瑰	牡丹	冬青	梧桐
动物	猫	狗	鸡	鸭

图5-19 第二次记忆力测试

▶ **步骤二**:课程导入(2分钟)

根据测试结果,讲解什么是结构化表达以及它在工作中的具体应用场景。

▶ 步骤三：小组讨论（5 分钟）

分组讨论，每人分享一个工作中的相关案例，罗列工作中缺少结构化表达的具体表现，并记录在 Excel 表格里。统计哪个组罗列得最多，给该小组积分奖励。

▶ 步骤四：课程全貌（3 分钟）

根据讨论结果，引导出结构化表达的重要性和本次课程的重点。

3．活动点评

这个开场活动的优点是有体验、有交互。记忆力测试题能很好地引发学员的兴趣和参与度，同时通过这项体验活动，开宗明义，让大家对结构化表达的重要性有了直观感受；小组讨论既能让全班共同参与，又实现了学员之间的交互，推动大家充分碰撞思想，将课程内容与日常实际工作场景及具体表现很好地结合起来；而且过程中有竞争、有激励，学员的投入度很高。

5.3　课间活动

与录播相比，直播持续时间相对较长，两三个小时、半天、一天的直播比比皆是。因此，针对多次课程在课间的休息环节，讲师也要设计一些互动活动。

5.3.1 目的

线下培训在课间休息时,会有很多学员留在教室里相互聊天,既让身心得到放松,又让彼此的交流更加深入。在线直播时,没有了教室这个物理空间,学员是否还能有线下那种随意聊天、轻松交流的平台?

另外,直播休息时学员经常会去处理各种事情,而且由于大家不在一起,会很容易忘记时间而迟迟不归。如果直播时再不开摄像头,那休息之后有多少人回来了、多少人还在线,也都变成了未知数。

同时,网上有大量的直播"翻车"事故,很多都与讲师在课间休息时忘记关摄像头和麦克风有关,因此休息时间的安全和隐私问题也是至关重要的。

由此,课间活动应围绕以下几项内容进行设计。

▶ **放松交流**:让学员休息的同时还能增加彼此的黏性,给大家提供线上轻松交流的平台。

▶ **准时归来**:给学员准时回来听课的理由,同时讲师也能知道班级的出勤率,以便调整授课节奏。

▶ **保护隐私**:避免讲师因忘关音、视频而造成的直播"翻车"事故。

5.3.2 做法

具体来说,讲师需要在课间休息的前、中、后做四件事:约、关、答、查。约,即约定时间与事项,规定课间休息多久以及做些什么；关，即关闭摄像头和麦克风，避免泄露隐私；答，即翻看留言解答疑问，为课上互动进行查漏补缺；查，即查看学员是否准时回来，并主动采取避免学员迟到的预防措施，如图5-20所示。

图5-20　课间环节的要求

1. 约

课间休息之前，讲师要与学员进行约定，包括休息多长时间，以及在休息时建议大家做些什么事情或布置个小任务等；讲师也可以提供平台带动学员聊起来、画起来、动起来等。

▶ **聊起来**：讲师可以在课间休息时间展示一张空白区域较多的休息页面，并鼓励大家在上面涂写，用匿名和有趣的方式相互聊起来。很多学员会把这个环节当成日常的网络聊天或看视频时的弹幕沟通，把课上没来得及说出来的话、天马行空的想法随意写出来。例如，图5-21是课间休息时一些学员的聊天截屏。大家使用平台的文本功能匿名聊天，有人在里面讲冷笑话，有人在里面讨论弹幕的优缺点，有人在里面谈论热门的网站……短短十分钟，满满一屏的字幕一下子就活跃了课间休息时的氛围。

图 5-21 学员课间的交流截屏

▶ **画起来**：上学时很多人喜欢在课本上随意涂画。成年人从某种角度来说无非是大尺寸的孩子，这些习惯并没有因为他们成年了而改变，他们仍然喜欢开一些恶作剧和小玩笑。因此讲师在课间也可以放一些人物或图片，给学员提供在上面涂画的机会，以增加交流的趣味性。图 5-22 就是一张课间学员的涂鸦画，大家互相补充着、互相打趣着，虽然没有声音，但彼此的脸上却浮现起了会心的笑容。

▶ **动起来**：直播时，大家一直盯着屏幕很容易产生视觉疲劳，因此课间休息时一定要鼓励学员站起来活动一下，讲师也可以布置一些小任务。例如，让学员在课间拍一张身边的照片发到群里，用这种方式一方面让学员起立活动一下，增加大脑含氧量；另一方面，通过照片的相互分享，也能够增加学员彼此之间的黏性与交流。

/ 第 5 章 / 流程规划

图 5-22 学员课间的涂鸦截屏

2. 关

课间休息时讲师要做的第一件事，也是最关键的一件事就是：关掉摄像头！关掉麦克风！并再三进行确认！直播中有大量"翻车"事故都是与不关摄像头和麦克风有关。如果忘记关闭，讲师课间休息时的所有动作、声响都会清清楚楚地传到所有学员面前，因此这件事情的重要性值得再三反复地强调。

3. 答

课间休息期间，讲师可以翻一下平台聊天框，看看有没有课上没注意到的学员留言或者提问。对于那些几句话可以说清楚的问题，课间可以用文字方式在聊天框里回答，对有些相对复杂的问题，则可以在上课之后用语音来回答。

4. 查

课间休息结束该上课时，讲师需要知道回来的人有多少，以便决定后续的课程进度，为此可以邀请学员再次打开摄像头，或者提个问题请大家用聊天框等具名方式进行回答，以此来查看在线率。但这时即使人没回来，讲师对此也无能为力。如何避免学员半路溜号？我们需要把这件事从事后查岗变为事前预防。下面分享以下几种常见的应对办法。

▶ **"加餐时间"**：在上课之初就与大家约定，把每次课间休息后开课的前五分钟设为"加餐时间"，在这五分钟之内会讲一些实际工作中的常见问题与案例。例如，在"直播技巧"的培训课程中，大家都很感兴趣的是直播中有哪些坑，有哪些常见问题需要注意等。这些问题既不会影响课程的总体进度，又对早来的同学有额外的收益，刚好可以在"加餐时间"跟大家分享。如此一来，就能激发学员的兴趣，避免他们课间溜号。

▶ **积分奖励**：在上课之初就与大家约定，每次课间休息后会看大家是否准时上线，上线最齐的小组可以获得很高的积分奖励。有了这样的约定，很多时候组长会在聊天框里提前嘱咐自己小组的人尽早回来。

▶ **安排合影**：下课前与大家约定，这次课间休息之后要进行合影，请大家课间稍微调整一下自己的状态，准时回来，以免合影时自己的屏幕是黑的。有了这个任务，在课间休息之后讲师就可以名正言顺地请大家都打开视频，并请组长和小组成员尽快联系未到的本组同学。

▶ **回顾答疑**：讲师还可以在每次课间休息之后安排一些有奖竞猜、回顾答疑活动，例如，对上节课的内容进行抢答回顾；或是将课程的一些核心知识点做成图片，让学员进行猜图游戏，猜对的同学同样会获得高额积分；同时，大家在上节课或课间提出的问题，讲师也可以在这个时间段集中进行解答。

总之，要让学员感觉到每次课间休息回来之后的那几分钟很有价值，要么能够收获一些很有含金量的内容，要么能够获得一些对自己或对团队有好处的激励，从而让大家更愿意按时归来、主动归来。

5.3.3 应用案例

1. 具体案例

使用平台：任一直播平台 + 微信群 / 钉钉群

具体做法如下：

一位讲授"领导力"课程的讲师在直播间隙给学员布置了一个任务：请从身边找一件与今天培训主题相关的事物并拍照上传到群里，如一本书、一张自己团队的合影等。

课间休息时，学员群里非常热闹，有人把身边的茶壶和几个茶杯拍照上传，有人把员工送他的礼物上传，还有人直接去工位拍了一张大家办公的现场照上传了上去。

课间休息后，讲师选择了一些有趣的图片请几位同学进行解释，大家为彼此的创意相互点赞，后续讲师授课时还从这些物品中进行了类比和对照，增加了课程的吸引力。

2．活动点评

其实这个活动类似于很多线下培训的视觉图片活动，如开场时让每个人从一堆卡片里找出一张最能够代表自己心情或状态的卡片，然后相互交流。而这个活动是让大家主动去创造"卡片"，从身边找到最符合的事物拍摄照片，给了学员更多发挥和创意的空间。活动既有趣又不难，而且与课程主题的贴合度也很高。这种活动特别适合于一些抽象的主题，如"领导力"这种主题人人都懂，但又很难精准定义，这时不妨用形象的方式请学员来进行解读。

5.4 总结活动

听直播课时，学员难免容易受到周围环境的干扰或诱惑，接个电话、回个邮件、倒杯水、聊个天，很多人会经常处于上线—离线—上线—离线的反复过程。为了让随时上线、随时回归的人能及时了解课堂进度，跟上课程内容，讲师的总结活动就变得至关重要。

5.4.1 目的

总结活动的目的是让学员跟得上、记得住、用得到。

▶ **跟得上**：让那些在直播过程中被各种事情打扰的人回来之后能及时了解讲课进度，尽快跟上课堂节奏和融入班级。

▶ **记得住**：让学员对直播的诸多内容始终保持思路清晰，将知识的全景脉络了然于胸，做到心中有数，学多少就能记住多少。

▶ **用得到**：让学员将所学知识与自己的应用场景建立联结，理解这些内容可以用在什么地方、怎么用以及能够解决什么问题。

5.4.2 做法

为了实现上述目的，直播时讲师需要进行页码提示和及时总结。

▶ **页码提示**：如果学员手里有学习材料的话，讲师最好在直播使用的幻灯片中标出对应的学习材料页码，让学员上线后可以根据页码标识随时找到相应内容，如图 5-23 所示。

图 5-23　在课件右上角进行页码提示

▶ **5～10 分钟总结**：由于学员被环境干扰的概率和频率实在很高，因此直播时讲师每 5～10 分钟就要对所讲内容进行简短提炼，通过多次反复总结帮助刚刚上线的学员及时了解进度。

▶ **章节小结**：每个章节或模块讲完之后，在幻灯片里要预留小结页，由讲师自己或请学员共同对本章内容进行总结，讲师最好将这些内容总结成一些口诀或模型，让学员更容易记住。

同时由于直播的总结频次很高，因此在总结方式上要注意多样性，让学员既有收获又有兴趣。在进行阶段性总结时，讲师不仅要多次重复、提炼，更要推动学员对知识进行总结与应用，并与实际工作场景进行联结。以下介绍几种常用的直播总结方式。

1. 首尾呼应

活动时长：5～10分钟

平台功能：聊天框、小组讨论

（1）活动方式

讲师在开场介绍完课程方向与内容框架之后，可以请学员列出这个主题下大家常见的问题，并请助教将其做成一份问题清单；同时讲师也可以根据过往经验，补充一些痛点与问题，使其更加完整、充实。

讲师每讲完一个章节后便切换到该问题清单，请学员用加标记的方式或在聊天框中写出问题序号，标出哪些问题得到了解决或部分解决；同时，给小组分工，请每组领取1～2个已解决的问题进行小组讨论，将问题答案进行记录汇总并公布。最后，讲师根据大家的分享进行本章内容的提炼汇总。

（2）活动延伸

如果平台没有小组讨论功能，或者人数太多无法分组，讲师可以先给出几张图片，如几款车、几种水果、几幅风景等，请大家在里面任选一张自己喜欢的图片，每张图片对应一个不同的问题，每人针对自己的问题用30秒钟时间将答案写在聊天框里。

（3）分析点评

这个活动的好处是让课程内容始终与学员的应用场景和实际问

题相联系,推动学员学以致用。另外,通过小组讨论或大家在聊天框就同一个问题的不同观点,彼此可以产生碰撞和共创,推动大家把问题想得更清晰、全面;讲师也可以根据大家的讨论,对内容进行提炼、总结,帮助大家进行完善与落地。

2. 背景呈现

活动时长:5 分钟

平台功能:虚拟背景

教具准备:PPT 文件

(1)活动方式

在讲完一部分内容之后,讲师请每位学员梳理一下本章的核心要点以及自己的收获和感悟,并做成虚拟背景。具体做法如下。

首先,讲师可以提前发放一个幻灯片文件,将背景设置为深色、纯色,文字设置为浅色,同时字号要大一些,或者也可以在课堂现场按上述要求带领大家快速制作一页幻灯片。接下来,请学员将自己的总结与收获用几句话写到幻灯片上,并将该页面保存为图片,将其设置为虚拟背景(具体操作方法见第 2 章虚拟背景部分)。然后,让所有人打开摄像头并使用虚拟背景,如果希望只出现文字而不出现人,可以用手指挡住摄像头,这样屏幕上就会只出现所有人的总结提炼。最后,给学员一些时间相互阅读与分享,同时助教也可以对这些虚拟背景进行截屏,形成多个知识点的总结合影,如图 5-24 所示。

(2)活动延伸

如果是课程结尾的总结,讲师可以把课程的不同模块分发给不同小组进行讨论、总结,并请组长指派小组代表将讨论成果记录到一页幻灯片上。小组讨论完成后，各组代表将总结的 PPT 文件保存为图片，设置成虚拟背景，大家一边看，小组代表一边分享，类似于线下培训各组分享海报的意思。

图 5-24　使用虚拟背景进行内容总结

（3）分析点评

这个活动的好处是视觉化、可留存。所有人的总结都可以用虚拟背景的方式进行展示，大家能直观清晰地看到不同人的不同收获和感悟，可以边看边听，加深印象，同时这些可视化的资料还能够形成截屏、合影，以图片的方式进行留存。

3．全景共绘

活动时长：5~10 分钟

平台功能：小组讨论、微信群

教具准备：表格、结构图或脑图

（1）活动方式

讲师将课程核心内容做成结构图、脑图或表格，只保留表格中的一、二级目录，后面的内容要点让学员分组讨论后进行填写，如图 5-25 和图 5-26 所示。

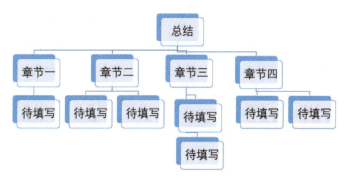

图 5-25　脑图总结

课程总结

章节	模块	内容总结
第一章	模块1	
第二章	模块1	
	模块2	
第三章	模块1	
	模块2	
第四章	模块1	
	模块2	

图 5-26　表格总结

小组讨论完成后，讲师可以请大家结合脑图或表格对自己最有感触的内容进行标记或分享。课后，助教还可以将其整理形成整个班级的课程总回顾，作为课后资料发给学员进行留存。

（2）活动延伸

如果平台没有小组讨论功能，讲师可以给每个小组布置任务，请大家在微信群里进行讨论、填写，并拍照上传。

（3）分析点评

如果让每个人独立对全课内容进行总结，时间会拖得很长，很多地方也难免会有遗漏。这个活动给大家明确分工，让每个人或每个组的压力变小，活动时间变短，同时又能在最后形成一张全景图，让大家对课程总体内容进行全貌回顾，而且还请每个人对自己最有感触的点进行标注，从而推动学员的记忆与落地。

4．去伪存真

活动时长：5分钟

平台功能：小组讨论

教具准备：将PPT页面截屏发给学员

（1）活动方式

讲师将前面讲过的核心知识点做成一些案例题或判断题，其中真假参半，请学员以小组为单位进行讨论，让其挑出错误部分，并写出正确答案。这个活动同样可以设置竞赛环节，看哪个组完成的效率最高、正确率最高。

（2）活动延伸

该活动以小组为单位进行时，讲师可以把题目难度设置得更高一些，便于大家积极讨论、思想碰撞；或者也可以降低难度做成判断对错题，请学员将答案直接写在聊天框里，规定全部做对的学员会给他所在小组进行积分。

（3）分析点评

总结活动不仅是帮助学员进行记忆，也是评估学员对知识的掌握情况，推动学员应用落地的过程。因此，在每个内容模块或章节结束时，讲师可以设置多种多样的评估方式，如判断题、选择题、连线题等，以推动学员加深印象，学以致用。

5.4.3 应用案例

1. 案例背景

这是一家互联网公司，学员很年轻，课堂表现非常活跃，参与度很高，而且很多发言都非常有质量。讲师在两个核心章节的总结环节中设置了"表白"活动。

活动时长：5分钟

平台功能：虚拟背景/聊天框

2. 活动方式

讲师给出"表白"话术："×××（同学姓名），你分享的'……'对我的帮助是……"

请大家就班里某位同学进行"表白"，"表白"时需要写出对方的姓名，回顾他说了什么，并写出他的发言对自己的启发。所有人将这个"表白"写到幻灯片上做成虚拟背景并在全班进行展示，或者按照"表白"话术将内容直接写在聊天框里，如图5-27所示。

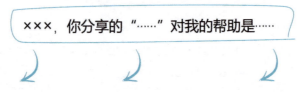

图5-27 "表白"活动案例

3. 活动点评

这个"表白"活动既推动了学员对课堂内容进行总结回顾，又很好地关注到了学员的感受。它具备以下几个特点。

▶ **氛围愉快**：彼此之间的正面反馈让学员内心受到鼓舞，相互点赞、相互"表白"的方式也让课堂氛围一下子变得轻松愉快，"表白"和"被表白"的学员内心都很愉悦。

▶ **交互深入**：这个活动让学员不但关注讲师说了什么，更关注彼此说了什么，从彼此的分享中获得收获，既让那些发言多的人由于被点名"表白"而获得极大的满足感，也鼓励其他人在后续课程中多多发言。

▶ **落地深入**：大家课上的分享往往与自己的工作场景和实际问题结合在一起，通过回顾这些分享内容，既能够总结所学，又能够很好地推动大家将内容落地。

需要提醒的是,这个活动适合在大家参与度非常高、班级氛围非常活跃的情况下使用。如果课上学员的参与非常少,大家没有太多可以表白的点,那这个活动就不适合了。

5.5 结尾活动

线下课程结束时,讲师通常会进行总结、分享行动计划、评选优秀小组、发放证书、拍照合影等一系列活动,这些事项在线上直播时也是不可或缺的。

5.5.1 目的

结尾活动的目的是让学员有收获感、行动感,让课程有始有终,有仪式感,如图 5-28 所示。

图 5-28　结尾活动要实现的三个目的

▶ **收获感**:结尾环节组织学员总结课程所学,将核心内容在其大脑中形成一张全景。

▶ **行动感**：激发学员行动和实践的热情，推动大家将所学内容运用到实际工作中。

▶ **仪式感**：奖励优秀，颁发证书，让课堂气氛得到升华，给课程画上一个圆满的句号。

5.5.2 做法

一方面，在 5.4 节"总结活动"中提到的做法，大多都可以应用在结尾活动环节，目的是让学员有收获感。另一方面，结尾除要总结所学让学员有收获感之外，还要推动行动并营造仪式感。需要注意的是，直播进行到结尾环节时，大家的疲惫度已经很明显了，而且由于没有教室的约束，如果结尾活动费时太长、太复杂，很多学员会提前下线，因此结尾环节需要简短有力。我们可以通过多管齐下的方式，快速完成总结分享、奖励、合影、致谢、结束等环节的内容。

举个例子。

活动时长：5～8 分钟

平台功能：聊天框

（1）活动方式

▶ **步骤一**：总结分享、推动行动

讲师可以在幻灯片上呈现三张图片：一本书、一双脚、一个大拇指，请大家进行选择，选书的同学，需要在聊天框里总结三个课上最有收获的内容与知识点；选脚的同学，需要思考自己回去后如何应用落地，写出三点行动计划；选大拇指的同学，需要对课上印象最深的三位同学进行点赞，并说出他们的发言对自己有哪些启发。给学员 60 秒钟时间，让其将答案写在聊天框里。讲师随后结合大家的发言，对课程内容、课后行动、学习收获等进行总结分享。

▶ **步骤二**：给予奖励、合影留念

在幻灯片里公布积分结果及获胜小组，对获胜者给予奖励。如果课程间隙已经与学员拍过合影，此时可以放出合影照片增加仪式感。如果之前尚未合影，讲师可带领全班学员在镜头前摆好姿势进行合影。

▶ **步骤三**：发放证书、致谢结束

告知学员电子证书的领取或发放路径，助教可以将课上大家的一些发言、互动、视频等截屏或录制片段做成一个小视频，在屏幕上进行播放，讲师致结束语后与大家告别。

（2）活动点评

这个活动不仅在互动之前设置了激活因素，让所有人都能够参与进来，而且整个活动时间很短、效率很高，不足之处是这位讲师在最后没有设置 Q&A 的环节。

需要注意的是，很多讲师喜欢在课程最后预留大段时间进行 Q&A、集中答疑。这种做法在线上直播时会存在风险，因为如果结尾留太多时间集中答疑的话，很多学员会缺乏耐心，而且觉得干货也差不多都学到了，于是很有可能选择直接下线，使得整个课程变得草草收场。因此，建议答疑这件事不要留在课程结尾再去集中进行，而是在课程初始就告知大家，在听课过程中如有问题，可以随时写在聊天框里。这样做的好处是，回复具有及时性，学员边听边产生疑问,讲师边及时给予解答。

另外,结尾环节的答疑,要么缩短时间,讲师在课程结束前对共性且重要的问题快速集中解答;要么往后放放,可以先做完总结和一些仪式感的事情之后,再告知大家下课后自己还将在直播间里停留一些时间,如果大家有疑问或希望进一步交流的话,可以留下来一起讨论。

这样设计的目的是:既保持课程的节奏性和完整性,在有收获感、仪式感的氛围下给课程画上一个完整的句号;同时也给有问题,希望继续交流的同学一些机会,让大家在没有时间压力的情况下自愿进行更深入的探讨。

5.5.3 应用案例

1. 具体案例

很多讲师在线下课程结束时会使用 4F 模式请大家针对所学内容进行总结,这种方式线上依然可以复用。4F 指的是:Facts:哪些内容让我印象深刻;Feeling:我的课堂感受;Finding:我的学习收获;Future:接下来我的行动计划。讲师可以直接在幻灯片上给出一个表格,给大家 60 秒钟时间请大家用平台的"文本"功能在表格上进行填写,如图 5-29 所示。

2. 活动点评

这种总结方式非常快速直接,而且成果产出可视化,最终的表格也可留存发给学员。如果学员人数较多时,可以使用聊天框请学员运用 4F 模式进行总结。

Facts 印象深刻：	Finding 学习收获：
Feeling 课堂感受：	Future 行动计划：

图 5-29　用 4F 模式进行总结

5.6　本章小结

直播是个环环相扣的过程，每个环节都需要明确目的，操作到位，让学员体验更好。

▶ **预热环节**：讲师需要提前 30 分钟上线进行设备调试，提前 15 分钟播放预热环节的幻灯片或音视频。

▶ **开场环节**：讲师要缩短自我介绍及"破冰"、寒暄时间，运用 4I 模型快速切入培训主题，调动课堂氛围。

▶ **课间环节**：讲师切记要关闭摄像头和麦克风，将页面切换到休息页，给学员营造一个轻松交流的环境。

▶ **总结环节**：讲师要每 5～10 分钟进行一次总结提炼，并设计一些适合小组或全员参与的总结活动。

▶ **结尾环节**：讲师要帮助学员总结收获，推动学员实践应用，并营造结束的仪式感。

在每个环节要实现哪些目的，具体有哪些做法，以及有什么注意事项，在表 5-1 中总结如下。

表 5-1　每个直播环节的目的、做法和注意事项

环节	目的	做法	注意事项
预热活动	▶ 留住学员 ▶ 营造氛围	游戏	题目设置合理有趣，主动引导，带好节奏
		视频	相关性、趣味性、互动性
		问答	问题设计要正向化 + 具象化
开场活动	▶ 有意愿 ▶ 有全景 ▶ 有参与 ▶ 有交互	Introduction：开宗明义	直击痛点、收益，并进行渲染、展示
		Inclusion：全员参与	活动设计时，多人参与优于个人参与，匿名参与优于具名参与
		Interaction：充分交互	建立组织机制和激励机制，形成小组内外的交流，并给予学员更广、更及时的激励
		Instruction：课程说明	介绍课程安排、时间安排、规则安排等
课间活动	▶ 放松交流 ▶ 准时归来 ▶ 保护隐私	约	约定休息时间与事项，如聊起来、画起来、动起来
		关	关闭摄像头和麦克风
		答	翻看留言，答疑解惑
		查	查看大家是否准时回来，运用安排合影、积分奖励、"加餐时间"等方式，鼓励大家准时归来

续表

环节	目的	做法	注意事项
总结活动	▶ 跟得上 ▶ 记得住 ▶ 用得到	及时总结	将学员手册的页码标注在讲师幻灯片上，保持每 5~10 分钟进行一次总结 每章内容要有章节小结
		多样总结	▶ 首尾呼应：结合开场学员问题进行阶段性总结 ▶ 背景呈现：运用虚拟背景进行直观呈现 ▶ 全景共绘：共同完成全课流程图、脑图、表格
结尾活动	▶ 收获感 ▶ 行动感 ▶ 仪式感	总结分享、推动行动	给学员进行分工，总结收获，制订行动计划
		给予奖励、合影留念	公布积分结果，奖励优秀小组，全班合影
		发放证书、致谢结束	给出证书路径，致结束语